Arbeitstexte für den Unterricht

Geschichten vom Erwachsenwerden

Für die Sekundarstufe
herausgegeben von
Theodor Karst

Philipp Reclam jun. Stuttgart

Universal-Bibliothek Nr. 9598

Gesamtherstellung: Reclam, Ditzingen. Printed in Germany 1992

ISBN 3-15-009598-0

Inhalt

I. Einleitung

1. Erwachsenwerden – eine Bezeichnung für Spanne und Spannung zwischen einem Nicht-Mehr und Noch-Nicht, für das Auf-dem-Wege-Sein von einem Zustand, der verlassen wird, zu einem Ziel, das noch nicht erreicht ist. Nicht mehr Kind, noch nicht Erwachsener – was dazwischen liegt, ist nach klassischer entwicklungspsychologischer Vorstellung Jugend, eingebunden in die Folge: Kindheit, Jugendzeit, Erwachsensein.

Die Jugendjahre gelten als eine Zeit des Wachsens und Reifens. Dies sind freilich alle Altersstufen des jungen Menschen von der Geburt an. Und auch der Erwachsene kann und soll geistig und seelisch wachsen und reifen – Erwachsenwerden als unabschließbarer Prozeß. Dennoch gelten die Jugendjahre, zumindest seit der neuzeitlichen »Entdeckung« von Kindheit und Jugend, gelten Pubertät und Adoleszenz als Lebensabschnitte besonders intensiver Veränderungen, dramatisch und krisenhaft, werden zweite Geburt genannt, sind transitorische Phase, »mittlerer, halber Zustand« – so Goethe über das Knabenalter, das deshalb auch »weniger liebenswürdig als die Kindheit« sei (*Wilhelm Meisters theatralische Sendung*, 1. Buch, 11. Kap.).

Von »unbequemen Jahren« spricht, wer auf die Mühen, Gefährdungen und Verletzungen blickt, als »wunderbare Jahre« empfindet diese Zeit der, dem es heute erscheint, daß damals die Kräfte frisch, die Zeit reichlich und die Zukunft offen waren.

Erwachsenwerden kann je nach Zeit, Kultur, Gesellschaftsform und sozialer Schicht sehr verschieden aussehen. Der biologische Prozeß wird durch politisch-historische, gesellschaftliche, ökonomische und andere, sich wandelnde Faktoren entscheidend gesteuert.[1]

1. Zur Geschichtlichkeit von Kindheit und Jugend grundlegend: Philippe Ariès: Geschichte der Kindheit. München: Hanser 1975. – Lloyd de Mause (Hrsg.): Hört ihr die Kinder weinen? Eine psychogenetische Geschichte der Kindheit. Frankfurt a. M.: Suhrkamp 1977.

In den modernen Industrie- und Massengesellschaften ist das Jugendalter sehr komplex geworden und nimmt an dem raschen Wandel des Lebens in besonderer Weise teil. Schließlich wird in der wissenschaftlich-technischen Epoche die Jugend zum Gegenstand der Forschung, vor allem der Psychologie, Soziologie und Pädagogik. Deren Ergebnisse und Theorien wirken z. T. wieder auf die Praxis zurück (Beispiele: Schul- und Lernformen, Volljährigkeit, Wahlrecht, Jugendstrafrecht u. a.). Manchmal gehen Befunde der Jugendforschung für eine gewisse Zeit als Schlagworte in die öffentliche Diskussion ein, z. B. der Titel der soziologischen Arbeit *Die skeptische Generation* (H. Schelsky, 1957), mit dem das Lebensgefühl der jungen Menschen im ersten Nachkriegsjahrzehnt charakterisiert werden sollte.

2. Geschichten vom Erwachsenwerden – das meint in dem neuzeitlichen Verständnis von Kindheit und Jugend, daß junge Menschen aus sich selbst heraus erfaßt, in ihren spezifischen, von Charakter und Umwelt geprägten Lebensphasen dargestellt werden. Geschichten, in denen Kinder und junge Menschen vorkommen, gibt es in der Literatur seit Homers Zeiten. Geschichten vom Erwachsenwerden in dem genannten Sinn dagegen finden sich in größerem Umfang erst im 20., in wichtigen Ausprägungen schon im 19. Jahrhundert. Ein frühes und geniales Grundmodell – »Archetypus aller poetischen Jugend-Analysen« (W. Jens) – haben die Jugenddarstellungen der neueren Literatur in Karl Philipp Moritz' autobiographischem Roman *Anton Reiser* (1785–90).
Stellvertretend für viele andere seien einige Werke der deutschen Literatur genannt, in denen wesentliche Elemente des Jugendalters eindrucksvoll Gestalt gewinnen: Suche nach der eigenen Individualität, Erleben der Sexualität, Auseinandersetzung mit der Gesellschaft der Väter (und Mütter), geistige, berufliche, soziale Orientierung u. a.
Conrad Ferdinand Meyer: *Das Leiden eines Knaben* (1883).
Frank Wedekind: *Frühlings Erwachen* (1891).
Emil Strauß: *Freund Hein* (1902).

Hermann Hesse: *Unterm Rad* (1906).
Robert Musil: *Die Verwirrungen des Zöglings Törleß* (1906).
Günter Grass: *Katz und Maus* (1961).
Ulrich Plenzdorf: *Die neuen Leiden des jungen W.* (1973).
Franz Innerhofer: *Schöne Tage* (1974).

3. Das vorliegende Bändchen versammelt 14 Geschichten zum Thema Erwachsenwerden, und zwar nach dem Prinzip der Vielfalt wie der Konzentration.
Vielfalt wurde angestrebt im Blick auf die Aspekte jugendlichen Lebens; möglichst viele sollten zur Sprache kommen. Vielfältig sind auch die Temperamente und Schreibweisen der Autorinnen und Autoren. Neben Texten von großer Dichte und Sprachkraft stehen solche, die im Blick auf jugendliche Leser eine bewußt einfache oder auch jugendnahe Sprache wählen. Die Vielfalt der Textarten und individuellen Ausprägungen entspricht einerseits dem Spektrum der Themen, zeigt andererseits gleiche und epochentypische Phänomene in unterschiedlichen Sehweisen.
Beschränkung war notwendig beim Zeitraum, aus dem die Texte stammen und den sie auch spiegeln. Bis auf zwei Ausnahmen erzählen die (chronologisch angeordneten) Geschichten von jungen Menschen und ihren Lebensverhältnissen, die für die Zeit seit den fünfziger Jahren jeweils charakteristisch sind. Nur Hausmann und Kesten greifen in ihren (nach einer Erzählungsanthologie von 1959 abgedruckten, aber früher entstandenen) Texten auf die Zeit kurz vor dem Ersten Weltkrieg zurück und vermitteln damit wichtige Jugend-Erfahrungen zu Beginn des Jahrhunderts, in dem Erwachsenwerden sich immer wieder unter den gewaltigsten Erschütterungen vollziehen mußte.
Von wenigen Ausnahmen abgesehen handelt es sich bei den Texten um selbständige kurze Erzählungen. Diese zeigen Erwachsenwerden eher in punktuellen Ereignissen und blitzlichtartigen Erhellungen, während die längerwährenden Entwicklungen mehr den Novellen, Romanen, (Auto-)Biographien und auch Dramen vorbehalten bleiben.

4. Im folgenden werden die *Geschichten vom Erwachsenwerden* in kurzen Beschreibungen vorgestellt.

4.1. In seiner Erzählung *Zum ersten Male* hält Manfred Hausmann rückblickend einen wichtigen Augenblick im Leben eines jungen Menschen fest. In der Gemeinschaft einer Wandervogelgruppe, die das Weihnachtsfest 1912 abseits der bürgerlichen Welt auf einer Burgruine feiert, nimmt ein Vierzehnjähriger in bewegender Weise das Leben im Zeichen des Neuen wahr. Die Bibel und die Lieder, Landschaft und Sternenhimmel, Gemeinschaft, Abenteuer und Freiheit – Erfahrung der Fülle des Lebens, die ein »Glücksgefühl von geradezu mystischer Tiefe« hervorruft mit einer noch tieferen Sehnsucht, dem »Verlangen nach Gott«.
Hausmanns erinnernde Ich-Erzählung kann als Dokument des Aufbruchs und der Erneuerung in der jungen Generation vor dem Ersten Weltkrieg gelesen werden, verwandt mit Schrei, Erweckung und Liebe der jungen Expressionisten jener Jahre. Darüber hinaus beschreibt der Text exemplarisch die Erfahrung des Erstmaligen, die das Leben des Kindes und – zunehmend bewußter – das des Jugendlichen von dem des Erwachsenen unterscheidet. Nicht daß erwachsene Menschen nicht auch immer wieder vor Neuem und Unerfahrenem stehen können: das Gewahrwerden des eigenen fühlenden und denkenden Ich, der Welt, der anderen, der Sehnsucht, der Liebe und des Fragens – solche initiatorischen Lebenserfahrungen gewinnen ihre prägende Kraft aus der Intensität des Erstmaligen.
Die Auseinandersetzung heutiger Leser mit einer schon geschichtlich gewordenen Konstellation solcher Grundelemente des Erwachsenwerdens fordert zur Bestimmung der epochenverhafteten und individuell-eigenen Ausprägung dieser Lebensphase heraus. Der Erzähler selbst betont die Geschichtlichkeit des Lebensgefühls seiner Generation im Vergleich zur heutigen: »Wir dachten nicht viel über das Leben nach, aber wir lebten. [. . .] Ich fürchte, die klugen jungen Menschen von heute würden nicht viel von uns gehalten haben.«

4.2. Hermann Kestens auktorial erzählte Geschichte *Olaf* führt den Leser in die gleiche Epoche wie Hausmanns Erinnerung. Doch wird hier zu jener Natur-Gegenwelt der die Freiheit suchenden Wanderjugend die herrschende Stadt-Welt der Erwachsenen vorgestellt. Diese spätwilhelminische Zivilisation (eng, alt, dumpf, matt, grau) fesselt den dreizehnjährigen Knaben Olaf vorzeitig an eine Erwachsenenrolle (Krawatte). Im Haß auf den »alten« Vater (37 Jahre) artikuliert sich der moralische Rigorismus der Jugend, die sich mit den Realitäten und der Heuchelei der Väterwelt nicht abfinden will. Olaf will das Leben von Grund auf ändern. Die Verdorbenheit der Erwachsenen in sich selbst schon fühlend und im Bewußtsein der »endgültig verlorenen Kindheit« will er den Vater mit einer Tat nach dessen Art (Diebstahl) überwinden. Die Tat mißlingt, der potentielle Vatermörder scheitert an der Vitalität der Väter-Gesellschaft.

4.3. Mit dem Titel *Lange Schatten* verweist Marie Luise Kaschnitz auf das symbolische Schlußbild der Kurzgeschichte, die, auch unter dem Titel *Abwehr* erschienen, ein prägendes Ereignis auf dem Weg zum Erwachsenen erzählt.
Während eines Ferienaufenthalts in Italien erlebt die siebzehnjährige Rosie, gerade dabei, sich von ihrer Familie zu lösen, erschreckt das andrängende frühe Begehren eines Zwölfjährigen. Die landschaftliche Szenerie, der italienische Sommer verweisen auf Gefahr (Felswand, Abgrund) und Rausch (der »betäubende« Geruch der »honigsüßen, kräuterbitteren« Pflanzen in der Mittagsglut) des ersten Kräftemessens von Begehren und Abwehr auf der Schwelle von der Kindheit zum Erwachsensein. Dieses Urerlebnis – »schön und entsetzlich« – wirkt bei beiden wie ein Schub im Prozeß des Erwachsenwerdens: Er »fährt [...] aus seiner Kinderhaut«; sie »wächst aus ihren Kinderschultern«.

4.4. Auf die Zukunft gerichtet ist der erste Satz in Corinna Schnabels Text *Ich möchte gerne schreiben*. Das noch un-

sichere Berufsziel einer Abiturientin ist belastet von schulischen Mißerfolgen, andersartigen Erwartungshaltungen (Lehrerin, Großmutter, Vater), in die auch geschlechtsspezifische Rollenfixierungen hineinspielen, und vom Widerspruch zwischen den eigenen Schreib-Vorstellungen und der alltäglichen Schreib-Praxis journalistischer Arbeit.
In dieser Selbstdarstellung eines jungen Mädchens zeigt sich eine Grundkonstellation des Erwachsenwerdens speziell im Blick auf die Berufswahl: Ein Raster aus eigenen Wünschen, (schulischen) Vorprägungen, fremden (gesellschaftlichen) Erwartungen und neuen (ernüchternden) Wirklichkeitserfahrungen. Die konkreten Elemente sind austauschbar.

4.5. In Peter Bichsels schon klassischer Studie *Die Tochter* wird der fortgeschrittene Prozeß der Ablösung in mehrfacher Hinsicht faßbar. Die Eltern leben auf dem Lande, sind in Einstellung und Lebenszuschnitt dem Alten verhaftet. Die Tochter arbeitet in der Stadt, ist sozial aufgestiegen, hat ein höheres Bildungs- und Berufsniveau erreicht (Bürofräulein, Französischkenntnisse), nimmt an neueren Lebensweisen teil (»Tearoom«, Mode).
Die Ablösung von den Eltern hat also über den psychischen Aspekt hinaus kulturelle, soziale Dimensionen, die zu einer starken Entfremdung führen, wie sich in der Sprachlosigkeit am sinnfälligsten zeigt (»Sie wußte aber nichts zu sagen«). Wenn die Tochter bald ganz in der Stadt wohnen wird, werden die Generationen sich noch stärker auseinanderleben.

4.6. In Helga M. Novaks Geschichte *Eis* will ein junger Mann einen älteren zu einem abfälligen Urteil über sich provozieren. Seine Mutter habe ihn verwöhnt, nun habe er sie vergiftet.
Die Geschichte setzt ein erzieherisches Fehlverhalten voraus und zeigt die Reaktion des Betroffenen: Verwöhnt, d. h. ohne (durch Liebe motivierten) Widerstand großgeworden, konnte der junge Mann nicht erwachsen werden, zumindest nicht die Fähigkeit entwickeln, sich als soziales Wesen ange-

messen zu verhalten. Das bezeugt sowohl sein herausforderndes Benehmen dem Älteren gegenüber, der für die entbehrte Vaterfigur stehen könnte, wie auch die Forderung, ein dezidiertes Urteil über sich zu erfahren. Das titelgebende Eis kann als symbolischer Ausdruck verstanden werden für noch kindliche (orale) Bedürfnisse – im Gegensatz zur Erwachsenentätigkeit Zeitunglesen, vielleicht auch für das kalte Klima im Verhältnis der Generationen. Dieser Symbolaspekt ließe sich weiterdenken: Eis schmilzt in der Wärme.

4.7. In Heike Doutinés Gesprächsszene *Man müßte jung sein* wird die Titel-Thematik im Frage-Antwort-Spiel abgehandelt. »Was heißt das eigentlich, jung sein?« – »Das heißt, daß man noch alles vor sich hat.« Diese Erkenntnis bleibt für die Figuren der Geschichte freilich theoretisch: »Ich hätte alles werden können« (Konjunktiv!). Der junge Mann, der die Frage stellt, sieht die Offenheit seiner Zukunft durch Vorschläge und Vorentscheidungen anderer eingeengt. Auch die junge Erzählerin rechnet schon mit der Routine des Erwachsenenlebens.
Jungsein wird so zur Chiffre für Offenheit und Wählenkönnen, Erwachsensein für Festlegung und Anpassung. Jungsein steht für Möglichkeit, Erwachsensein für Realität.

4.8. »Souveränität« und der »Wunsch, nicht festgelegt zu sein«, finden im Verhalten und Erscheinungsbild eines jungen Mannes Ausdruck, den Günter und Johanna Braun in ihrer Erzählung *Thomas Bitterfisch und seine Familie* vorstellen. An ihm ist die nicht ausgeglichene Spannung zwischen dem Recht des Subjekts und den Normen der Gesellschaft ablesbar. Als Sohn und beliebter Kollege ist er in die gesellschaftlichen Bereiche Familie und Arbeitswelt eingegliedert. Gegen weitere Vereinnahmungen wehrt er sich durch tagträumerisches »Auffliegen« in Gefilde der Phantasie und durch Kleidertausch mit anderen Menschen, »damit das Individuum die größte Freiheit zur Verwandlung habe«. Die für die DDR spezifischen Realitätselemente können stellvertretend verstanden werden. Insofern zeigt sich in der Erzählung die grundsätzliche Spannung zwischen der sensiblen, noch nicht festgelegten Individualität des jungen Menschen und der Gesellschaft mit ihren Normvorstellungen.

4.9. Um Liebe und Besitzanspruch im Verhältnis der Geschlechter geht es in Elfriede Jelineks Studie *was ist das, was da so leuchtet?*
Die Fabrikarbeiterin Brigitte und der Elektrolehrling Heinz sind von dem »unausweichlichen gefühl der liebe« ergriffen. Daran knüpfen sie unterschiedliche Erwartungen. Heinz hofft, daß diese Liebe auch körperlich sei; Brigitte will ihn an sich binden, damit sie, einmal verheiratet, einen Versorger hat und nicht mehr in die Fabrik gehen muß. Beide leiten aus der Liebe, wie sie sie verstehen, Besitzansprüche ab. Dadurch wird der andere nicht als Person, sondern als Zweck gesehen. Sie sieht in ihm ihre materielle Zukunftssicherung, er will als »mann alles mitnehmen, was er kriegen kann«, im übrigen ist sie ihm eher ein Hindernis bei seiner beruflichen Entwicklung. Auch seine Eltern wollen, daß er »auf das echte schaut«, und damit meinen sie Besitz; Brigittes Haar aber, das »leuchtet wie reife kastanien«, ist gefärbt.
Der Text zeigt zwei junge Menschen, die auf materielle Wertvorstellungen fixiert sind. Die damit verbundenen gesellschaftlichen Erwartungsklischees finden in der seriellen und formelhaft-redundanten Sprachverwendung ihren erzählerisch adäquaten Ausdruck. So gewinnt der Text den Charakter einer satirischen Analyse. Sie zeigt die Liebe schon bei jungen Menschen in verdinglichter und verzerrter Gestalt.

4.10. Das Lebensgefühl einer Fünfzehnjährigen, wahrgenommen von einem Vater-Erzähler: *Fünfzehn* von Reiner Kunze ist ein mit tiefer Sympathie geschriebenes Kurzporträt eines jungen Mädchens, dem, hierin eine geistige Schwester Bitterfischs, die »persönliche Freiheit« das höchste Gut bedeutet. Kleidung und Verhalten signalisieren Protest gegen die Erwachsenen, vor allem aber sind sie Schutzmaßnahmen einer sich selbst vergewissernden Individualität, die »sich nicht den Nichtigkeiten des Lebens ausliefern will«.

4.11. Einen schmerzhaften Einschnitt im Leben eines Sechzehnjährigen beschreibt Willi Fährmann in *Irgendwie hat sich der Junge verändert.* Mit diesem Satz bezeichnet die Mutter die Veränderung, die sie an ihrem Sohn Jüll feststellt. Der Junge trennt sich von seinen bisher liebevoll gepflegten Kaninchen, weil das Mädchen Margitt ihm sagt, daß er nach den Tieren rieche. Sein Opfer wird jedoch nicht angenommen; sie interessiert sich nicht weiter für ihn.
Die Geschichte enthält die Trauer über eine frühe Enttäuschung, die entsteht, wenn ein junger Mensch sich verlocken läßt, endgültig aus seiner Kinderwelt (Kaninchen) herauszutreten, seine Bereitschaft zu neuer Bindung entdeckt, diese aber nicht angenommen wird. Der Junge findet sich in einer Art Niemandsland auf dem Weg zum Erwachsenen.

4.12. *Erwachsenwerden* überschreibt Peter Bichsel seine programmatische Rede eines Erwachsenen an die Erwachsenen. In der Mitte seines Lebens erkennt ein Vierzigjähriger die Illusion des Erwachsenseins als eines sichergeglaubten Zustands. Es gibt fast immer Ältere, die vorgeben, Antworten zu wissen, wo die Jüngeren Fragen stellen. Fragen aber halten offen, verweisen auf mehrere Möglichkeiten (vgl. Doutiné, 7; Marti, 14), Antworten schreiben fest, engen ein. Diese Einsicht wird in zwei Sätzen verdichtet: »Kinder können in Fragen leben. Erwachsene leben in Antworten.« Der Entschluß des Redners, »nicht erwachsen zu werden«, formuliert, jenseits biologischer Abläufe, das Bestreben, das Leben offen und in Gang zu halten.

4.13. Als Abschied von Selbsttäuschung und Illusion der Kindheit dagegen beschreibt die zwölfjährige Ich-Erzählerin einen datierbaren Augenblick in *Ich habe Arno gesehen* von Katharina Kühl. Die Schülerin ist in ihren Musiklehrer verliebt, kann aber mit niemandem über ihre Gefühle sprechen.

Einmal nimmt sie ihn jedoch mit anderen Augen (Brille!) wahr. Diesem Augenblick der Desillusionierung weist sie den Charakter epochaler Lebensveränderung zu: »Ich bin anders. Nüchtern. Ernüchtert. Älter. Ich bin erwachsen.«

4.14. Der Schlußtext, Kurt Martis Gesprächsszene *Der schrumpfende Raum*, beleuchtet Jugend und Jungsein aus dem Lebensgefühl des Alters. In einem freundschaftlichen Gespräch bei einem Glas Wein verteidigt »der Ältere« seine These »Das Leben ist ein schrumpfender Raum« gegen die beschwichtigenden Einwände des »Jüngeren«. Während die Lebensschrumpfung auf den Punkt zuläuft, wo man »allein und ohne Raum« ist, hat der junge Mensch noch weiten oder gar sich weitenden (Lebens-)Raum vor sich – real und metaphorisch. Am Schluß des Gesprächs ist die »Karaffe zwischen ihnen leer«, und der Jüngere lacht. Vielleicht kann er, der das Leben noch vor sich hat, glücklicherweise das Lebensgefühl des Alten, der sein Leben gelebt hat, nicht voll erfassen.

II. Texte

1. Manfred Hausmann: Zum ersten Male

Es muß im Jahre 1912 gewesen sein, am 23. Dezember. Wir fuhren von Göttingen bis Eichenberg mit der Bahn, ein Dutzend Jungen, die dem Alt-Wandervogel angehörten, und wateten dann durch den hohen Schnee querfeldein auf die Burgruine Hanstein zu. Noch war sie nicht in Sicht. Wir zogen über Berg und Tal, durch Wälder, durch Schluchten und an Hängen hin. Manchmal gab es kleine Raufereien, der eine und andere wurde im Schnee herumgewälzt und »gewaschen«. Wenn das Gelände es erlaubte, faßten wir Tritt und sangen. Schweigend lagen die Dörfer im Grunde. Höchstens, daß einmal ein Hundegebell an unser Ohr drang. Wir zogen dahin, sangen und waren guten Mutes.

Damals hatte das Wanderwesen gerade begonnen, die Jugend zu verlocken. Jede Fahrt bedeutete noch ein Abenteuer. Jugendherbergen gab es noch nicht. Und wenn es sie gegeben hätte, wären wir an ihnen vorbeigegangen. Noch lag der Glanz des Neuen, ja des Unerhörten über allen Unternehmungen. Man entdeckte die Landschaft, die Freiheit, die Lieder, die Spiele, die Tänze, die Freunde, sich selbst, die Welt, alles. Ich war damals vierzehn Jahre alt und erst wenige Wochen bei der Gruppe. Wir dachten nicht viel über das Leben nach, aber wir lebten. Gerade weil wir nicht über das Leben nachdachten, lebten wir. Wir waren ein Teil des Lebens. Ich fürchte, die klugen jungen Menschen von heute würden nicht viel von uns gehalten haben. Wir von ihnen übrigens auch nicht.

Um die Abenddämmerung trafen wir auf der Ruine ein. Und alsbald begann im Saal, den eine Balkendecke, verglaste Fenster und ein offener Kamin bewohnbar machten, eine bewegende und erregende Weihnachtsfeier. Für mich war sie deshalb so bewegend, weil fast alles, was geschah, unter dem verklärenden Zeichen des »Zum ersten Male« stand. Zum

ersten Male sah ich einen Weihnachtsbaum, der keinen anderen Schmuck als einige wenige Kerzen trug und mit seinem weit ausladenden, stark duftenden Gezweig so waldhaft, so unberührt wirkte. Zum ersten Male vernahm ich die Weihnachtsgeschichte in der großen, männlichen Sprache des Heliand[1]-Dichters. Zum ersten Male ließ die unbegreiflich süße, von Geigen und Blockflöten umjubelte Melodie des »Susani Susani« mein Innerstes erbeben. Zum ersten Male erfuhr ich, was das ist, eine Gemeinschaft. Zum ersten Male war ich nicht mehr allein.
Und dann kam noch ein anderes, ein unvergeßliches »Zum ersten Male«.
Ehe wir uns im aufgeschütteten Stroh schlafen legten, tastete ich mich die dunkle Stiege im Turm empor. Als ich oben ins Freie trat, flimmerte ein winterlich klarer Sternenhimmel über mir. Ich erkannte den Orion, den Fuhrmann, den Großen Bären, ich erkannte Perseus, den ich vor allen anderen liebte, Andromeda, Kepheus und Kassiopeia. Zu meinen Füßen lagen die verschneiten Bergrücken und Wälder. Dahinten im Tal strömte die Werra. Jenseits erhob sich der Ludwigstein, damals noch eine unbekannte Burg. Nahebei dunkelten die Häuser des Dorfes. Unmittelbar unter mir dämmerte hinter den Fenstern des Saales ein rötlicher Kerzenschein. Dort summten und sangen die Kameraden. Und da überkam mich plötzlich ein Glücksgefühl von geradezu mystischer Tiefe. Wie traumverloren war das mattsilberne Bergland mit seinen Schatten, wie geheimnisvoll die Grenzenlosigkeit der Nacht mit den strahlenden Sternbildern! Wie abgründig das Schweigen ringsumher! Wie liebte ich dies alles! Wie liebte ich die Welt!
Aber seltsamerweise brachte das Glück, das Übermaß von Glück, keinen Frieden in meine Seele, sondern Unruhe und Traurigkeit. Es war das Glück, ohne Frage. Ich glaubte sogar zu wissen, daß ich nie wieder so glücklich sein könne wie in dieser Stunde. Und doch war es nicht genug. Es fehlte etwas.

1. altsächsisches Epos über das Leben und Leiden Christi (um 830). Der Verfasser ist unbekannt.

Ich zitterte vor Glück und ich zitterte gleichzeitig vor Ungenügen und Sehnsucht. Eine Ahnung überkam mich, daß nichts, was ein Mensch auf Erden erlebt, imstande sei, die Ruhelosigkeit in ihm zu stillen. Auch in ihrer schönsten Schönheit war die Welt nicht vollkommen, nicht heil, nicht tröstlich im Letzten. Es gab etwas in mir, in meinem bebenden Knabenherzen, das sich über den flimmernden Glanz der Welt, über jedes Maß an irdischer Seligkeit hinaus nach einer Seligkeit und Schönheit und Wahrheit verzehrte, die ohne den Hauch von Schwermut, ohne die Gebrochenheit, ohne das Ungenügen sein sollte.
In jener Nacht auf dem Turm der Burg Hanstein erfuhr ich zum ersten Male, unbestimmt nur und jungenhaft, wie es ist, wenn ein Mensch vom Verlangen nach Gott überwältigt wird.

2. Hermann Kesten: Olaf

Olaf ging durch die engen Gassen der alten Stadt. Die dumpfe Luft, die matte Schwüle, die grauen Häuser, die Fremdheit der Leute, die durch diese verschollenen Gassen gingen, vor ihm, neben ihm, hinter ihm – da gingen sie und wurden nicht weniger –, all dies fühlte der Knabe Olaf, wie man den Feind fühlt, in einer großen Schlacht, oder wo man gerade Feinde hat, er weiß es nicht.
Der Knabe ist groß und nicht mehr jung. Er ist dreizehn Jahre alt. Er geht dicht an den Häusern hin, mit der Innenfläche der schrundigen braunen Hand prüft er die verschiedene Härte und Sprödigkeit des Gesteins. Sein Haar ist von einem matten Braun, die Winkel seiner Augen sind gerötet, sein Mund ist herabgezogen. Er trägt eine enggebundene Krawatte um den Hals, die Fessel der Zivilisation um den Hals, er ist schon erwachsen, er möchte weinen oder schreien, gerade jetzt, aber er tut es nicht, nur mit zwei Fingern fährt er alle paar Minuten zwischen Kragen und Hals.
Er fühlt sich beengt, eingekreist, in einem Wirrsal, wo jeder

Weg in Kummer und Verzweiflung führt; er möchte schon ein eigenes Leben haben, ein Mensch für sich sein, aber nicht wie die Leute, die er kennt. Diese Erwachsenen sind – verwachsen, sagt Olaf, und ein böses Lächeln zieht seinen Mund breit; man konnte schon die Stellen sehen, wo sich später Falten bilden werden, aber jetzt ist das Fleisch seiner Wangen noch elastisch.

Olaf haßt seinen Vater. Der alte Mann, schon siebenunddreißig Jahre alt, trägt einen gedankenlosen Schnurrbart, eine Brille, einen Strohhut, viel zu helle Anzüge. Das gefällt Olaf nicht. Ihm gefällt dieser ganze Mann nicht. Wenn der Knabe im Zimmer sitzt, über ein Buch gebeugt, hört er nebenan das schmetternde Gelächter jenes brutalen und – sinnlichen Menschen, der die Vokabel Vater wie das Lächeln eines falschen Gebisses trägt. Die moralische Kritik der eigenen Kinder ist unbestechlich. Der Vater fühlt, daß er verachtet wird, und zahlt mit Grundsätzen, zu deren Anwendung ihn ein unverständliches Gesetz berechtigt.

Olaf weiß, daß der Vater die Mutter betrügt. Er versteht das nicht. Er hat genug Romane gelesen, um das Wesen der Liebe vollkommen zu verkennen. Seine Mutter dünkt ihn schön. Sie ist gut. Sie liebt den Vater. Das ist ihre Aufgabe, man kann es ihr nicht wehren. Es ist sogar nicht angängig, mit ihr darüber zu reden – obwohl man schon mehrmals Zeuge ihrer Tränen war.

Der Mann namens Vater bekundete außerhalb des Hauses einen gewöhnlichen Geschmack. Olaf sah im Hinterzimmer einer Weinkneipe den Mann seiner Mutter eine blonde Kellnerin ebenso tätscheln wie zum Ekel des Knaben danach die Mutter. Olaf hatte dem Sohn des Kneipenbesitzers, einem Schulkameraden, dafür einen Lederball, zehn asiatische Briefmarken und das Buch *Frau Warrens Gewerbe* überlassen.

Der Knabe Olaf hat die Geschichte von Noah gelesen, wie einer seiner Söhne sich an der Nacktheit seines berauschten Vaters belustigt hat. Olaf kam von Tränen zum Haß, vom Haß zur Verachtung, von der Verachtung zur Weltmüdigkeit. Er verstand das Leben nicht mehr. Er wußte noch nicht, daß es gang und gäbe unter Menschen ist, einander Unrecht zu tun und es in Ordnung zu finden.

Olaf ging von Haus zu Haus, von Straße zu Straße und dachte erbittert nach. Er ertappte sich dabei, daß er schon geraume Zeit, vielleicht eine Viertelstunde lang, vor dem dürftigen Fenster eines kleinen Bäckerladens stand und die schlecht gebackenen Brote und häßlichen Kuchen anstarrte, ohne sie wirklich zu sehen.

Er wollte aufhören nachzudenken und begann im Weitergehen ein Spiel, das darauf hinauslief, den Buchstaben A in allen Ladenschildern der rechten Seite der Straße bis hundert zu zählen, dann B und so fort. Aber unversehens kamen wieder die niederdrückenden Gedanken, die ihn in der letzten Zeit verfolgten.

Er hatte beschlossen, von Grund auf sein Leben zu ändern. Er fühlte, er müsse sich jetzt entscheiden. Es gehe um alles. Geringschätzig und voller Resignation dachte er an seine Träume, da er noch jung war, acht oder neun Jahre alt: Träume, die Welt zu erobern wie Attila, oder einen sechsten Erdteil zu finden wie Christoph Columbus, der Amerika, oder Jesus Christus, der den Erdteil der Liebe entdeckt hatte. Er erkannte klar: Er glich jenen Idealisten nicht; er fühlte in sich das verworfene Blut seines lasterhaften Vaters.

Da er aber Größe in irgendeiner Form nicht entbehren wollte, hatte er schon vor einigen Tagen, zu allem bereit, beschlossen, eine Tat zu tun, die ihm selbst beweisen würde, daß er zu derselben entschlossenen Sorte von Menschen gehörte wie sein Vater. Der sprach von modernen Menschen, die keine Träumer waren, sondern in unserer betriebsamen Welt ihren Weg machten und mit eisernem Willen alles niederwarfen, was ihnen entgegenstand, womit der Vater (er war Bankier) auf sich selber anspielte.

Olaf wollte eine irreparable Tat tun. Er wollte stehlen. Ein winziges, nutzloses Ding, das für ihn wertlos, dem Besitzer aber lieb oder Geld wert war; sonst hätte es ja nichts bedeutet, das Ding zu stehlen.

Olaf wollte stehlen, ohne ertappt zu werden. Die Diebesbeute wollte er zu Hause verstecken, unter seiner Schmetterlingssammlung oder in seinem Bett. Ständig wollte er das gestohlene Gut in seiner Nähe haben, damit er vor sich selber ewig der Dieb sei. Einmal zum Dieb geworden, würde er mehr werden, skrupellos, ein Egoist, herzlos, vielleicht sogar (und der Gedanke ließ ihn vor sich selber schaudern) ein ... Vatermörder.

Er mußte seinen Vater überwinden, sonst überwand der Vater ihn. Er wollte sich an diesem Vater rächen. Er wollte die geschundene Menschheit an ihm, dem Unterdrücker, strafen. Dazu mußte er ihm gleich werden. Idealismus – das sah er klar, wie Dreizehnjährige alles klar sehen – war nur eine Dekoration.

Olaf ging langsamer und atmete die ganze Schwüle ein, die in lastendem, schwärzlichem Gewölk über der Stadt hing. Ihm war dumpf im Kopf. Er riß von einem Busch, dessen weiße Blüten zwischen dem Gitter eines Vorgartens hervorquollen, eine Blütentraube mit drei, vier Blättern ab und roch gierig daran, er steckte die Blätter in den Mund, er kaute sie und fühlte in einem Moment die ganze selige Frische der Natur. Er kaute und schmeckte im herben, pflanzlichen Geruch und Geschmack den würzigen Geschmack seiner endgültig verlorenen Kindheit. Ihm war so weh zumute, daß er hätte weinen mögen, wenn er nicht sein Alter bedacht hätte. Ihn erfaßte ein Taumel. Er ging ins Warenhaus, schritt an einem Verkäufer vorüber, der wie ein Turnlehrer aussah, und ging bis zur Abteilung Galanteriewaren.

Er bemühte sich, harmlos zu erscheinen, und glaubte, alle Leute starrten ihm trotz seiner harmlosen Miene ins Gesicht. Ganz recht, sagte er sich, das ist die Empfindung aller Verbrecher, sie täuschen sich, ich habe es gelesen, man heißt es Autosuggestion.

Er war einen Augenblick lang stolz, solch ein schwieriges Fremdwort erfaßt und richtig auf sich bezogen zu haben. Doch ersoff dieser Stolz in einer bohrenden Angst vor sich selber.

Er drängte sich an die Verkaufstische, wo Kämme und dergleichen zu Hunderten feil waren (käufliche Waren, sagte er sich, käuflich wie ich?). Seine rechte Hand glitt schon an die Kämme heran – halb war er von einer dicken Frau gedeckt – um einen der für ihn ganz nutzlosen und wertlosen Frauenkämme zu stehlen. Da sah er, für seine linke Hand, mit der er sich auf dem Tisch stützte, greifbar, viele perlmutterne Taschenmesser liegen, solche mit drei Klingen und insgesamt siebzehn ineinandergeschobenen Teilen.
Lange hatte er sich schon solch ein Messer gewünscht. Hastig schob er seine Linke auf eines der Messerchen, umklammerte es mit fünf lebendigen Fingern, hielt es, drückte es, grub es sich ins Fleisch; es stak wie Feuer darin. Er war bleich, als wollte er umsinken. Er zog die Hand *mit* dem Messer zurück, atmete erlöst auf und fühlte eine eiserne Klammer um seinen Arm, er wollte seinen Arm wegreißen, was war das? Er mußte weg! Aber es hielt ihn.
Er blickte sich um und grad ins feixende rote Gesicht eines unauffällig gekleideten, nach nichts aussehenden Menschen, der ihn mit der Schuhspitze in die Wade stieß und zischend fragte: »Was machst du da?«
Noch war nichts geschehen, sagte sich Olaf; es ist ja nicht wahr, es wird noch gut werden, ich muß bloß sagen: anschaun! – ich muß sagen: ich wollte anschaun, prüfen, das Messerchen prüfen. Aber da erinnerte er sich, daß er heute kein Geld bei sich hatte, und dachte plötzlich an Gott, und wenn dieser Mann Gott wäre?
»Stehlen!« sagte er.
Der Mann, ein Hausdetektiv, vom Abteilungsleiter auf das verdächtige Gebaren des Knaben aufmerksam gemacht, hatte mit geschulter Umsicht den Burschen auf frischer Tat ertappt; er führte den willenlosen Knaben ins Büro.
Dort ward Olaf vernommen, gescholten, nicht übermäßig übrigens. Man war sogar verwundert, als er den Namen seines Vaters nannte, der in der Stadt angesehen war. Man drohte ihm mit Fürsorgeerziehung oder gar Gefängnis, wenn er zu stehlen fortfahre.

Später ward er von seinem Vater, den man telephonisch benachrichtigte, im Warenhaus abgeholt.
Olaf weinte nicht. Auf die vielen Fragen antwortete er kaum. Still ging er neben seinem Vater, der ihn nur einmal knuffte, etwas von Schande murmelte, ihn merkwürdig von der Seite ansah und dann in Ruhe ließ.
Als der Knabe vier oder fünf Tage später aus dem Fluß gefischt wurde, weinte der Vater vor der Leiche.
Den Zettel, den der Vater abends auf seinem Schreibtisch vorfand, verstand er schon gar nicht. Auf dem Zettel stand, in Druckschrift: »Ich bin unterlegen. Olaf.«

3. Marie Luise Kaschnitz: Lange Schatten

Langweilig, alles langweilig, die Hotelhalle, der Speisesaal, der Strand, wo die Eltern in der Sonne liegen, einschlafen, den Mund offenstehen lassen, aufwachen, gähnen, ins Wasser gehen, eine Viertelstunde vormittags, eine Viertelstunde nachmittags, immer zusammen. Man sieht sie von hinten, Vater hat zu dünne Beine, Mutter zu dicke, mit Krampfadern, im Wasser werden sie dann munter und spritzen kindisch herum. Rosie geht niemals zusammen mit den Eltern schwimmen, sie muß währenddessen auf die Schwestern achtgeben, die noch klein sind, aber nicht mehr süß, sondern alberne Gänse, die einem das Buch voll Sand schütten oder eine Qualle auf den nackten Rücken legen. Eine Familie zu haben ist entsetzlich, auch andere Leute leiden unter ihren Familien, Rosie sieht das ganz deutlich, zum Beispiel der braune Mann mit dem Goldkettchen, den sie den Schah nennt, statt bei den Seinen unterm Sonnenschirm hockt er an der Bar oder fährt mit dem Motorboot, wilde Schwünge, rasend schnell und immer allein. Eine Familie ist eine Plage, warum kann man nicht erwachsen auf die Welt kommen und gleich seiner Wege gehen. Ich gehe meiner Wege, sagt Rosie eines Tages nach dem Mittagessen und setzt vorsichtshalber hinzu, in den Ort, Postkarten kaufen, Ansichtskarten, die an die Schulfreundinnen geschrieben werden sollen, als ob sie daran dächte, diesen dummen Gören aus ihrer Klasse Kärtchen zu schicken, Gruß vom blauen Mittelmeer, wie geht es dir, mir geht es gut. Wir kommen mit, schreien die kleinen Schwestern, aber gottlob nein, sie dürfen nicht, sie müssen zum Nachmittagsschlafen ins Bett. Also nur die Fahrstraße hinauf bis zum Marktplatz und gleich wieder zurück, sagt der Vater, und mit niemandem sprechen, und geht der Mutter und den kleinen Schwestern nach mit seinem armen, krummen Bürorücken, er war heute mit dem Boot auf dem Wasser, aber ein Seefahrer wird er nie. Nur die Fahrstraße hinauf, oben sieht man, mit Mauern und Türmen an den Berg geklebt, den Ort liegen, aber die Eltern waren noch nie dort, der Weg war ihnen zu lang, zu heiß, was er auch ist, kein Schatten weit und breit. Rosie braucht keinen Schatten, wozu auch, ihr ist überall wohl, wohl in ihrer sonnenölglänzenden Haut, vorausgesetzt, daß niemand an ihr herumerzieht und niemand sie etwas fragt. Wenn man allein ist, wird alles groß und merkwürdig und beginnt einem allein zu gehören, meine Straße, meine schwarze räudige Katze, mein toter Vogel, eklig, von Ameisen zerfressen, aber unbedingt in die Hand zu nehmen, mein. Meine langen Beine in verschossenen Leinenhosen, meine weißen Sandalen, ein Fuß vor den andern, niemand ist auf der Straße, die Sonne brennt. Dort, wo die Straße den Hügel erreicht, fängt sie an, eine Schlangenlinie zu beschreiben, blaue Schlange im goldenen Reblaub, und in den Feldern zirpen die Grillen wie toll. Rosie benützt den Abkürzungsweg durch die Gärten, eine alte Frau kommt ihr entgegen, eine Mumie, um Gottes willen, was da noch so herumläuft und gehört doch längst ins Grab. Ein junger Mann überholt Rosie und bleibt stehen, und Rosie macht ein strenges Gesicht. Die jungen Männer hier sind zudringliche Taugenichtse, dazu braucht man keine Eltern, um das zu wissen, wozu überhaupt braucht man Eltern, der Teufel, den sie an die Wand malen, hat schon längst ein ganz anderes Gesicht. Nein, danke, sagt Rosie höflich, ich brauche keine Begleitung, und geht an dem jungen Mann vorbei, wie sie es den Mädchen hier abgeguckt hat, steiles Rückgrat, Wirbel über Wirbel, das Kinn angezogen, die Augen finster niedergeschlagen, und er murmelt nur noch einiges Schmeichelhafte, das in Rosies Ohren grenzenlos albern klingt. Weingärten, Kaskaden von rosa Geranienblüten, Nußbäume, Akazien, Gemüsebeete, weiße Häuser, rosa Häuser, Schweiß in den Handflächen, Schweiß auf dem Gesicht. Endlich ist die Höhe erreicht, die Stadt auch, das Schiff Rosie bekommt Wind unter die Leinwand und segelt glücklich durch Schattenstraßen, an Obstständen und flachen Blechkästen voll farbiger, glitzernder, rundäugiger Fische hin. Mein Markt, meine Stadt, mein Laden mit Herden von Gummitieren und einem Firmament von Strohhüten, auch mit Ständern voll Ansichtskarten, von denen Rosie, der Form halber, drei schreiendblaue Meeresausblicke wählt. Weiter auf den Platz, keine Ah- und Oh-Gedanken angesichts des Kastells und der Kirchenfassaden, aber interessierte Blicke auf die bescheidenen Auslagen, auch in die Schlafzimmer zu ebener Erde, wo über gußeisernen, vielfach verschnörkelten Ehebettstellen süßliche Madonnenbilder hängen. Auf der Straße ist zu dieser frühen Nachmittagsstunde fast niemand mehr, ein struppiger kleiner Hund von unbestimmbarer Rasse kläfft zu einem Fenster hinauf, wo ein Junge steht und ihm Grimassen schneidet. Rosie findet in ihrer Hosentasche ein halbes Brötchen vom zweiten Frühstück. Fang, Scherenschleifer, sagt sie und hält es dem Hund hin, und der Hund tanzt lustig wie ein dressiertes Äffchen um sie herum. Rosie wirft ihm das Brötchen zu und jagt es ihm gleich wieder ab, das häßliche, auf zwei Beinen hüpfende Geschöpf macht sie lachen, am Ende hockt sie im Rinnstein und krault ihm den schmutzig-weißen Bauch. Ehi, ruft der Junge vom Fenster herunter, und Rosie ruft Ehi zurück, ihre Stimmen hallen, einen Augenblick lang ist es, als seien sie beide die einzigen, die wach sind in der heißen, dösenden Stadt. Daß der Hund ihr, als sie weitergeht, nachläuft, gefällt dem Mädchen, nichts gefragt werden, aber Gesellschaft haben, sprechen können, komm mein Hündchen, jetzt gehen wir zum Tore hinaus. Das Tor ist ein anderes als das, durch welches Rosie in die Stadt gekommen ist, und die Straße führt keinesfalls zum Strand hinunter, sondern bergauf, durchquert einen Steineichenwald und zieht dann, mit vollem Blick auf das Meer hochoben den fruchtbaren Hang entlang. Hier hinauf und weiter zum Leuchtturm haben die Eltern einen gemeinsamen Spaziergang geplant; daß sie jetzt hinter der Bergnase in ihrem verdunkelten Zimmer auf den Betten liegen, ist beruhigend, Rosie ist in einem anderen Land, mein Ölwald, mein Orangenbaum, mein Meer, mein Hündchen, bring mir den Stein zurück. Der Hund apportiert und bellt auf dem dunkelblauen, schmelzenden Asphaltband, jetzt läuft er ein Stück stadtwärts, da kommt jemand um die Felsenecke, ein Junge, der Junge, der am Fenster gestanden und Grimassen geschnitten hat, ein stämmiges, braunverbranntes Kind. Dein Hund? fragt Rosie, und der Junge nickt, kommt näher und fängt an, ihr die Gegend zu erklären. Rosie, die von einem Aufenthalt im Tessin her ein wenig Italienisch versteht, ist zuerst erfreut, dann enttäuscht, da sie sich schon hat denken können, daß das Meer das Meer, der Berg der Berg und die Inseln die Inseln sind. Sie geht schneller, aber der vierschrötige Junge bleibt ihr auf den Fersen und redet weiter auf sie ein, alles, auf das er mit seinen kurzen braunen Fingern zeigt, verliert seinen Zauber, was übrigbleibt, ist eine Ansichtskarte wie die von Rosie erstandenen, knallblau und giftgrün. Er soll nach Hause gehen, denkt sie, mitsamt seinem Hund, auch an dem hat sie plötzlich keine Freude mehr. Als sie in einiger Entfernung zur Linken einen Pfad von der Straße abzweigen und zwischen Felsen und Macchia steil bergabführen sieht, bleibt sie stehen, holt aus ihrer Tasche die paar Münzen, die von ihrem Einkauf übriggeblieben sind, bedankt sich und schickt den Jungen zurück, vergißt ihn auch sogleich und genießt das Abenteuer, den Felsenpfad, der sich bald im Dickicht verliert. Die Eltern und Geschwister hat Rosie erst recht vergessen, auch sich selbst als Person, mit Namen und Alter, die Schülerin Rosie Walter, Obersekunda, könnte mehr leisten;

nichts mehr davon, eine schweifende Seele, auf trotzige Art verliebt in die Sonne, die Salzluft, das Tun- und Lassenkönnen, ein erwachsener Mensch wie der Schah, der leider nie spazierengeht, sonst könnte man ihm hier begegnen und mit ihm zusammen, ohne dummes Gegacker, nach fern vorüberziehenden Dampfern Ausschau halten. Der Pfad wird zur Treppe, die sich um den Felsen windet, auf eine Stufe setzt sich Rosie, befühlt den rissigen Stein mit allen zehn Fingern, riecht an der Minze, die sie mit den Handflächen zerreibt. Die Sonne glüht, das Meer blitzt und blendet. Pan[2] sitzt auf dem Ginsterhügel, aber Rosies Schulbildung ist lückenhaft, von dem weiß sie nichts. Pan schleicht der Nymphe nach, aber Rosie sieht nur den Jungen, den zwölfjährigen, da ist er weiß Gott schon wieder, sie ärgert sich sehr. Die Felsentreppe herunter kommt er lautlos auf staubgrauen Füßen, jetzt ohne sein Hündchen, gesprungen.
Was willst du, sagt Rosie, geh heim, und will ihren Weg fortsetzen, der gerade jetzt ein Stück weit ganz ohne Geländer an der Felswand hinführt, drunten liegt der Abgrund und das Meer. Der Junge fängt gar nicht wieder an mit seinem Ecco il mare, ecco l'isola, aber er läßt sich auch nicht nach Hause schicken, er folgt ihr und gibt jetzt einen seltsamen, fast flehenden Laut von sich, der etwas Unmenschliches hat und der Rosie erschreckt. Was hat er, was will er, denkt sie, sie ist nicht von gestern, aber das kann doch wohl nicht sein, er ist höchstens zwölf Jahre alt, ein Kind. Es kann doch sein, der Junge hat zuviel gehört von den älteren Freunden, den großen Brüdern, ein Gespräch ist da im Ort, ein ewiges halblautes Gespräch von den fremden Mädchen, die so liebessüchtig und willfährig sind und die allein durch die Weingärten und die Ölwälder schweifen, kein Ehemann, kein Bruder zieht den Revolver, und das Zauberwort amore amore schon lockt ihre Tränen, ihre Küsse hervor. Herbstgespräche sind das, Wintergespräche, im kalten, traurigen Café oder am nassen, grauen, überaus einsamen Strand, Gespräche, bei denen

2. griechischer Hirtengott; gesellte sich häufig den Nymphen, weiblichen Naturgottheiten, zu.

die Glut des Sommers wieder entzündet wird. Warte nur Kleiner, in zwei Jahren, in drei Jahren kommt auch für dich eine, über den Marktplatz geht sie, du stehst am Fenster, und sie lächelt dir zu. Dann lauf nur hinterher, Kleiner, genier dich nicht, pack sie, was sagst du, sie will nicht, aber sie tut doch nur so, sie will.

Nicht daß der Junge, der Herr des äffigen Hündchens, sich in diesem Augenblick an solche Ratschläge erinnert hätte, an den großen Liebes- und Sommergesang des Winters und die zwei, drei Jahre sind auch noch keineswegs herum. Er ist noch immer der Peppino, die Rotznase, dem seine Mutter eins hinter die Ohren gibt, wenn er aus dem Marmeladeneimer nascht. Er kann nicht wie die Großen herrisch auftreten, lustig winken und schreien, ah, bella, jetzt wo er bei dem Mädchen, dem ersten, das ihm zugelächelt und seinen Hund an sich gelockt hat, sein Glück machen will. Sein Glück, er weiß nicht, was das ist, ein Gerede und Geraune der Großen, oder weiß er es doch plötzlich, als Rosie vor ihm zurückweicht, seine Hand wegstößt und sich, ganz weiß im Gesicht, an die Felswand drückt? Er weiß es, und weil er nicht fordern kann, fängt er an zu bitten und zu betteln, in der den Fremden verständlichen Sprache, die nur aus Nennformen besteht. Zu mir kommen, bitte, mich umarmen, bitte, küssen bitte, lieben bitte, alles ganz rasch hervorgestoßen mit zitternder Stimme und Lippen, über die der Speichel rinnt. Als Rosie zuerst noch, aber schon ängstlich, lacht und sagt, Unsinn, was fällt dir ein, wie alt bist du denn überhaupt, weicht er zurück, fährt aber gleich sozusagen vor ihren Augen aus seiner Kinderhaut, bekommt zornige Stirnfalten und einen wilden, gierigen Blick. Er soll mich nicht anrühren, er soll mir nichts tun, denkt Rosie und sieht sich, aber vergebens, nach Hilfe um, die Straße liegt hoch oben, hinter den Felsen, auf dem Zickzackpfad ihr zu Füßen ist kein Mensch zu sehen, und drunten am Meer erstickt das Geräusch der Brandung gewiß jeden Schrei. Drunten am Meer, da nehmen die Eltern jetzt ihr zweites Bad, wo nur Rosie bleibt, sie wollte doch nur Ansichtskarten für ihre Schulfreundinnen kaufen. Ach, das

Klassenzimmer, so gemütlich dunkel im November, das hast du hübsch gemalt, Rosie, diesen Eichelhäherflügel, der kommt in den Wechselrahmen, wir stellen ihn aus. Rosie Walter und dahinter ein Kreuz, eure liebe Mitschülerin, gestorben am blauen Mittelmeer, man sagt besser nicht, wie. Unsinn, denkt Rosie und versucht noch einmal mit unbeholfenen Worten, dem Jungen gut zuzureden, es hätten aber auch beholfenere in diesem Augenblick nichts mehr vermocht. Der kleine Pan, flehend, stammelnd, glühend, will seine Nymphe haben, er reißt sich das Hemd ab, auch die Hose, er steht plötzlich nackt in der grellheißen Steinmulde vor dem gelben Strauch und schweigt erschrocken, und ganz still ist es mit einemmal, und von drunten hört man das geschwätzige, gefühllose Meer.
Rosie starrt den nackten Jungen an und vergißt ihre Angst, so schön erscheint er ihr plötzlich mit seinen braunen Gliedern, seinem Badehosengürtel von weißer Haut, seiner Blütenkrone um das schweißnasse schwarze Haar. Nur daß er jetzt aus seinem goldenen Heiligenschein tritt und auf sie zukommt und die langen, weißen Zähne fletscht, da ist er der Wolf aus dem Märchen, ein wildes Tier. Gegen Tiere kann man sich wehren, Rosies eigener schmalbrüstiger Vater hat das einmal getan, aber Rosie war noch klein damals, sie hat es vergessen, aber jetzt fällt es ihr wieder ein. Nein, Kind, keinen Stein, Hunden muß man nur ganz fest in die Augen sehen, so, laß ihn herankommen, ganz starr ins Auge, siehst du, er zittert, er drückt sich an den Boden, er läuft fort. Der Junge ist ein streunender Hund, er stinkt, er hat Aas gefressen, vielleicht hat er die Tollwut, ganz still jetzt, Vater, ich kann es auch. Rosie, die zusammengesunken wie ein Häufchen Unglück an der Felswand kauert, richtet sich auf, wächst, wächst aus ihren Kinderschultern und sieht dem Jungen zornig und starr in die Augen, viele Sekunden lang, ohne ein einziges Mal zu blinzeln und ohne ein Glied zu bewegen. Es ist noch immer furchtbar still und riecht nun plötzlich betäubend aus Millionen von unscheinbaren, honigsüßen, kräuterbitteren Macchiastauden, und in der Stille und dem Duft fällt doch der Junge wirklich in sich zusammen, wie eine

Puppe, aus der das Sägemehl rinnt. Man begreift es nicht, man denkt nur, entsetzlich muß Rosies Blick gewesen sein, etwas von einer Urkraft muß in ihm gelegen haben, Urkraft der Abwehr, so wie in dem Flehen und Stammeln und in der letzten wilden Geste des Knaben die Urkraft des Begehrens lag. Alles neu, alles erst erwacht an diesem heißen, strahlenden Nachmittag, lauter neue Erfahrungen, Lebensliebe, Begehren und Scham, diese Kinder, Frühlings Erwachen, aber ohne Liebe, nur Sehnsucht und Angst. Beschämt zieht sich der Junge unter Rosies Basiliskenblick[3] zurück, Schritt für Schritt, wimmernd wie ein kranker Säugling, und auch Rosie schämt sich, eben der Wirkung dieses Blickes, den etwa vor einem Spiegel später zu wiederholen sie nie den Mut finden wird. Am Ende sitzt der Junge, der sich, seine Kleider in der Hand, rasch umgedreht hat und die Felsenstiege lautlos hinaufgelaufen ist, nur das Hündchen ist plötzlich wieder da und bellt unbekümmert und frech, der Junge sitzt auf dem Mäuerchen, knöpft sich das Hemd zu und murmelt vor sich hin, zornig und tränenblind. Rosie läuft den Zickzackweg hinab und will erleichtert sein, noch einmal davongekommen, nein, diese Väter, was man von den Vätern doch lernen kann, und ist im Grunde doch nichts als traurig, stolpert zwischen Wolfsmilchstauden und weißen Dornenbüschen, tränenblind. Eure Mitschülerin Rosie, ich höre, du warst sogar in Italien, ja danke, es war sehr schön. Schön und entsetzlich war es, und am Ufer angekommen, wäscht sich Rosie das Gesicht und den Hals mit Meerwasser, denkt, erzählen, auf keinen Fall, kein Wort, und schlendert dann, während oben auf der Straße der Junge langsam nach Hause trottet, am Saum der Wellen zum Badestrand, zu den Eltern hin. Und so viel Zeit ist über all dem vergangen, daß die Sonne bereits schräg über dem Berge steht und daß sowohl Rosie wie der Junge im Gehen lange Schatten werfen, lange, weit voneinander entfernte Schatten, über die Kronen der jungen Pinien am Abhang, über das schon blassere Meer.

3. todbringender Blick (Basilisk: griechisches Fabeltier).

4. *Corinna Schnabel: Ich möchte gerne schreiben*

Ich möchte gerne schreiben. In der Schule haben sie gelacht, wenn ich es gesagt habe; deshalb habe ich es bald nicht mehr gesagt. »Glückliche Abiturientinnen« stand über der kleinen Anzeige im Lokalteil der Zeitung. Unsere Namen wurden aufgezählt und unsere zukünftigen Berufe. Hinter meinem Namen stand »unbestimmt«. »Die Unbestimmte« sagten die in meiner Klasse und fanden es typisch für mich und fanden, daß ich aus dem Rahmen falle. »Aber ich weiß doch wirklich nicht«, sagte ich. Sie sagten, daß ich lange genug Zeit gehabt hätte, es mir zu überlegen; und weil sie wußten, daß sie mich damit ärgerten, sagten sie noch: »Ach, die heiratet ja doch bald.«

Dabei aß ich nie etwas, wenn wir einen Aufsatz schrieben. Die andern hatten Brotpakete unter dem Tisch, die packten sie aus, wenn sie Hunger hatten. Neben mir saß eine, die schälte sich Apfelsinen. Manchmal aß sie mehrere Apfelsinen hintereinander. Sie war immer vor mir fertig. Mir mußte Frau Doktor mein Heft wegnehmen. Ich war verschwitzt und in der folgenden Stunde sagte ich kein Wort. Ich versuchte aber so zu tun, als wenn es mir nichts ausmachte, einen Aufsatz zu schreiben. Wenn ich eine Fünf hatte, prustete ich vor Lachen und sagte ganz laut, daß ich eine Fünf hätte. Die Klasse saß da, Frau Doktor sprach und ich hörte Frau Doktor zu und grinste und mir war zum Heulen und übel war mir von der Fünf. Frau Doktor sprach von meiner Einstellung, ich sei nicht ernsthaft genug und sie sähe schwarz für mich. Ich grinste immer noch und Frau Doktor sagte, ich könne nach Hause gehen, wenn es mir nicht passe. Einmal bin ich nach Hause gegangen.

Deshalb habe ich Frau Doktor auch nie gesagt, daß ich schreiben will. Wäre es nach Frau Doktor gegangen, hätte ich Geographie studiert. »Schreiben? Was, Schreiben?«, ich weiß doch, wie Frau Doktor immer fragt. »Aber Kind!« Ich weiß doch, wie sie es meint, wenn sie Kind zu mir sagt. Ich solle lieber sagen, sagt sie, wie ein Moor entsteht. Das hat sie schon einmal gemacht. Sie hat mich gefragt, wie ein Moor entsteht, obwohl sie genau wußte, daß ich es nicht wußte. Ich habe so getan, als hörte ich nichts; ich dachte: wenn sie sieht, daß du es nicht hörst, kann sie nicht denken, daß du es nicht weißt. Genauso ist es mit dem Schreiben gewesen. Ich sagte Frau Doktor nichts davon, weil ich dachte, wenn sie nicht weiß, daß du es willst, kann sie nicht denken, daß du es nicht kannst.

Ich kam an eine Zeitung. Was ich schreiben wolle, fragten die mich. »Schreiben wollen viele«, sagte Herr Amsel, der Redakteur. Es hätte wenig genützt, wenn ich ihm gesagt hätte, daß die vielen bestimmt nicht so schreiben wollten wie ich. Außerdem wußte ich auch nicht, wie ich schreiben wollte. Da ich aber auch nicht wußte, was ich sonst machen sollte, war ich froh, daß sie mich bei der Zeitung nahmen. Aber bald merkte ich, daß es bei der Zeitung nicht so war, wie ich mir vorgestellt hatte. Einmal mußte ich über eine neue Bahnlinie schreiben. Ich fuhr hin. Es kamen viele Leute, es wurde viel gegessen und einer von der Bahn hielt eine Rede. Darüber sollte ich schreiben. Herr Amsel, der Redakteur, sagte, daß eine neue Bahnlinie schließlich eine neue Bahnlinie sei und Hand und Fuß habe; der Leser sei König und ich müsse schreiben, was der König will. »Der König will«, sagte er, »etwas, das Hand und Fuß hat.«

Den Text über die neue Bahnlinie mußte ich mehrmals schreiben; darüber weinte ich. Herr Amsel hat mir gesagt, daß ich wie die andern sei, die schreiben wollen. Er hat mich nachgeahmt, wie ich weine.

Herr Amsel macht die Reiseseite. Er ist sehr stolz auf seine Seite. Er kennt die längsten Schiffsrouten. Er weiß, wo Zeltplätze sind, und schreibt seinen Lesern, sie sollen eine Reise im Wohnwagen machen, weil das etwas ganz Neues sei. Herr Amsel hat Angst, daß ich ihm die Fahrpreise und die Uhrzeiten durcheinanderbringe. Ich denke mir gerne Schiffsnamen aus, Namen von Schonern und Frachtern, und ich habe mit Herrn Amsel Krach deswegen; weil ich die großen Passagierdampfer nicht mag, und er doch will, daß ich Passagierdampfer empfehle. Herr Amsel sagt immer, daß ich mir nicht so viel ausdenken soll.

Nur meine Mama versteht mich. Sie hat nichts dagegen, daß ich schreiben will. Sie erzählt sogar überall herum, daß ich schreiben will. Deshalb getraue ich mich schon gar nicht mehr, mit ihr darüber zu sprechen, weil ich nicht mag, daß darüber gesprochen wird. Ich glaube, Mama möchte ihren Freundinnen vorlesen, was ich schreibe. Ich sage ihr: »Schreiben braucht seine Zeit«, weil ich doch noch gar nichts geschrieben habe und weil ich Mama nicht enttäuschen möchte und weil ich Angst habe, daß sie die Geduld verliert. Aber Mama hat Verständnis. Sie sagt, ich solle mich nicht eilen, wenn es nicht eilt. Manche Leute schreiben nur einen Satz am Tag. Ich bin wie Mama. Wir bedenken alles erst.

Am besten ist, daß sie mich vor Großmama verteidigt. Großmama hat etwas dagegen, daß ich schreibe. Vielleicht hat sie recht, wenn sie mir meine Briefe vorwirft, ich habe nie Lust, an Großmama zu schreiben. Aber so schlecht geschrieben, wie sie sagt, sind meine Briefe auch nicht. »Höhere Töchter«, sagt Großmama zu mir, und Mama sagt darauf: »Laß das Kind! Sie ist meine Tochter!« Aber wenn Mama das sagt, läßt Großmama mich erst recht nicht. Sie sagt Dichterin und Stubenhocker zu mir und faßt mich unters Kinn und sieht mich an, daß ich die Augen zumachen muß. »Schmal sieht sie aus«, sagt Großmama und blickt von mir zu meiner Mutter und von meiner Mutter wieder zu mir; ich weiß schon im voraus, daß gleich der Satz mit dem Biomalz kommt. Ich soll Biomalz einnehmen, das regt den Körper an, und ich denke bloß, daß Großmama mich endlich mit ihrem Biomalz zufriedenlassen soll. Ich mag Großmama nicht sagen, daß sie sich auf den Kopf stellen kann; aber ich denke es, ich denke es die ganze Zeit, und deshalb macht es mir auch nichts, daß Großmama mich in meine Hüftknochen kiekst und sagt, daß ihr Mann sie mit solchen Hüften nie geheiratet hätte. Aufs Land soll ich, ein Pflichtjahr machen soll ich. Säuglingspflege und Hausarbeit. Ich würde schon sehen, wie gut mir das bekommt. Sie und Mama hätten es genauso gemacht.

Papa betrachtet die ganze Sache als kindische Träumerei. Aber Papa nehme ich nicht ernst. Nicht, daß Papa nichts für Kunst übrig hätte. Wir hören viel Musik zu Hause, Papa sammelt Kunstbücher. Außerdem hat er uns im Kunstverein angemeldet. Wir haben eine Familienkarte. Aber Papa meint, ich sei ein Mädchen, er glaubt nicht, daß sich eine Frau in diesem Beruf durchsetzen könne. Er findet moderne Literatur destruktiv und findet sie unschön und findet sie unerfreulich. Papa spricht von Schwarzsehern, von Regenmachern, wenn er von Literaten spricht. Er möchte, daß ich einen konstruktiven Beruf ergreife.
Manchmal weiß ich wirklich nicht, was ich machen soll; ich möchte Papa doch auch nicht enttäuschen.

5. Peter Bichsel: Die Tochter

Abends warteten sie auf Monika. Sie arbeitete in der Stadt, die Bahnverbindungen sind schlecht. Sie, er und seine Frau, saßen am Tisch und warteten auf Monika. Seit sie in der Stadt arbeitete, aßen sie erst um halb acht. Früher hatten sie eine Stunde eher gegessen. Jetzt warten sie täglich eine Stunde am gedeckten Tisch, an ihren Plätzen, der Vater oben, die Mutter auf dem Stuhl nahe der Küchentür, sie warteten vor dem leeren Platz Monikas. Einige Zeit später dann auch vor dem dampfenden Kaffee, vor der Butter, dem Brot, der Marmelade.
Sie war größer gewachsen als sie, sie war auch blonder und hatte die Haut, die feine Haut der Tante Maria. »Sie war immer ein liebes Kind«, sagte die Mutter während sie warteten.
In ihrem Zimmer hatte sie einen Plattenspieler, und sie brachte oft Platten mit aus der Stadt, und sie wußte, wer darauf sang. Sie hatte auch einen Spiegel und verschiedene Fläschchen und Döschen, einen Hocker aus marokkanischem Leder, eine Schachtel Zigaretten.

Der Vater holte sich seine Lohntüte auch bei einem Bürofräulein. Er sah dann die vielen Stempel auf einem Gestell, bestaunte das sanfte Geräusch der Rechenmaschine, die blondierten Haare des Fräuleins, sie sagte freundlich »Bitte schön«, wenn er sich bedankte.
Über Mittag blieb Monika in der Stadt, sie aß eine Kleinigkeit, wie sie sagte, in einem Tearoom. Sie war dann ein Fräulein, das in Tearooms lächelnd Zigaretten raucht.
Oft fragten sie sie, was sie alles getan habe in der Stadt, im Büro. Sie wußte aber nichts zu sagen.
Dann versuchten sie wenigstens, sich genau vorzustellen, wie sie beiläufig in der Bahn ihr rotes Etui mit dem Abonnement aufschlägt und vorweist, wie sie den Bahnsteig entlang geht, wie sie sich auf dem Weg ins Büro angeregt mit Freundinnen unterhält, wie sie den Gruß eines Herrn lächelnd erwidert.
Und dann stellten sie sich mehrmals vor in dieser Stunde, wie sie heimkommt, die Tasche und ein Modejournal unter dem Arm, ihr Parfum; stellten sich vor, wie sie sich an ihren Platz setzt, wie sie dann zusammen essen würden.
Bald wird sie sich in der Stadt ein Zimmer nehmen, das wußten sie, und daß sie dann wieder um halb sieben essen würden, daß der Vater nach der Arbeit wieder seine Zeitung lesen würde, daß es dann kein Zimmer mehr mit Plattenspieler gäbe, keine Stunde des Wartens mehr. Auf dem Schrank stand eine Vase aus blauem schwedischem Glas, eine Vase aus der Stadt, ein Geschenkvorschlag aus dem Modejournal.
»Sie ist wie deine Schwester«, sagte die Frau, »sie hat das alles von deiner Schwester. Erinnerst du dich, wie schön deine Schwester singen konnte.«
»Andere Mädchen rauchen auch«, sagte die Mutter.
»Ja«, sagte er, »das habe ich auch gesagt.«
»Ihre Freundin hat kürzlich geheiratet«, sagte die Mutter.
Sie wird auch heiraten, dachte er, sie wird in der Stadt wohnen.
Kürzlich hatte er Monika gebeten: »Sag mal etwas auf französisch.« – »Ja«, hatte die Mutter wiederholt, »sag mal etwas auf französisch.« Sie wußte aber nichts zu sagen.

Stenografieren kann sie auch, dachte er jetzt. »Für uns wäre das zu schwer«, sagten sie oft zueinander.
Dann stellte die Mutter den Kaffee auf den Tisch. »Ich habe den Zug gehört«, sagte sie.

6. Helga M. Novak: Eis

Ein junger Mann geht durch eine Grünanlage. In einer Hand trägt er ein Eis. Er lutscht. Das Eis schmilzt. Das Eis rutscht an dem Stiel hin und her. Der junge Mann lutscht heftig, er bleibt vor einer Bank stehen. Auf der Bank sitzt ein Herr und liest eine Zeitung. Der junge Mann bleibt vor dem Herrn stehen und lutscht.
Der Herr sieht von seiner Zeitung auf. Das Eis fällt in den Sand.
Der junge Mann sagt, was denken Sie jetzt von mir?
Der Herr sagt erstaunt, ich? Von Ihnen? Gar nichts.
Der junge Mann zeigt auf das Eis und sagt, mir ist doch eben das Eis runtergefallen, haben Sie da nicht gedacht, so ein Trottel?
Der Herr sagt, aber nein. Das habe ich nicht gedacht. Es kann schließlich jedem einmal das Eis runterfallen.
Der junge Mann sagt, ach so, ich tue Ihnen leid. Sie brauchen mich nicht zu trösten. Sie denken wohl, ich kann mir kein zweites Eis kaufen. Sie halten mich für einen Habenichts. Der Herr faltet seine Zeitung zusammen. Er sagt, junger Mann, warum regen Sie sich auf? Meinetwegen können Sie soviel Eis essen, wie Sie wollen. Machen Sie überhaupt, was Sie wollen. Er faltet die Zeitung wieder auseinander.
Der junge Mann tritt von einem Fuß auf den anderen. Er sagt, das ist es eben. Ich mache, was ich will. Mich nageln Sie nicht fest. Ich mache genau, was ich will. Was sagen Sie dazu?
Der Herr liest wieder in der Zeitung.
Der junge Mann sagt laut, jetzt verachten Sie mich. Bloß, weil ich mache, was ich will. Ich bin kein Duckmäuser. Was denken Sie jetzt von mir?

Der Herr ist böse.
Er sagt, lassen Sie mich in Ruhe. Gehen Sie weiter. Ihre Mutter hätte Sie öfter verhauen sollen. Das denke ich jetzt von Ihnen.
Der junge Mann lächelt. Er sagt, da haben Sie recht.
Der Herr steht auf und geht.
Der junge Mann läuft hinterher und hält ihn am Ärmel fest.
Er sagt hastig, aber meine Mutter war ja viel zu weich. Glauben Sie mir, sie konnte mir nichts abschlagen. Wenn ich nach Hause kam, sagte sie zu mir, mein Prinzchen, du bist schon wieder so schmutzig. Ich sagte, die anderen haben nach mir geworfen. Darauf sie, du sollst dich deiner Haut wehren. Laß dir nicht alles gefallen. Dann ich, ich habe angefangen. Darauf sie, pfui, das hast du nicht nötig. Der Stärkere braucht nicht anzufangen. Dann ich, ich habe gar nicht angefangen. Die anderen haben gespuckt. Darauf sie, wenn du nicht lernst, dich durchzusetzen, weiß ich nicht, was aus dir werden soll. Stellen Sie sich vor, sie hat mich gefragt, was willst du denn mal werden, wenn du groß bist? Neger, habe ich gesagt. Darauf sie, wie ungezogen du wieder bist.
Der Herr hat sich losgemacht.
Der junge Mann ruft, da habe ich ihr was in den Tee getan. Was denken Sie jetzt?

7. Heike Doutiné: Man müßte jung sein

Was heißt das eigentlich, jung sein, fragt Jens. Das heißt, sage ich, daß man noch alles vor sich hat. Was heißt noch alles vor sich haben, fragt Jens. Das heißt, sage ich, daß du z. B. Arzt werden kannst oder Jurist oder – nun, du kannst wählen, dich frei entscheiden. Als ich mich entschieden habe, sagt Jens, wurde ich entschieden. Jetzt bin ich etwas geworden, was mir ein Freund vorschlug, meine Mutter vorschlug, mein Vater vorschlug, mein Lehrer vorschlug. Ich hätte alles werden können, sagt Jens, aber ich konnte nicht wählen. Denn wenn

man nicht kennt, was man wählt, wählt man nicht. Man tut etwas.
Und gefällt dir das nicht, was du tust?
Ich habe die Prüfungen bestanden, sagt Jens. Ich habe alle Examen gemacht, sagt Jens. Und was ich vor mir habe, ist ein Leben, in dem ich alle Examen gemacht habe und alle Examen machen werde und meine Kinder wieder alle Examen machen werden. Vielleicht habe ich ein paar Hobbys. Ich wollte mal Pianist werden. So spiele ich jetzt noch etwas Klavier. Meine Mutter wollte mal Sängerin werden. Jetzt singt sie beim Tischdecken. Mein Freund wollte mal Maler werden. Jetzt streicht er mein Bücherbord an. Was heißt das, jung sein und ein Examen machen und Klavier zu spielen? Jens fragt. Und wenn ich ihn jetzt frage, an was er glaubt, außer an sein Examen, wird er lachen.
Jens lacht. Ich glaube, sagt Jens, daß mich alle Leute nett finden, weil ich auch immer nett war. Nie widersprochen habe. Immer nur hinterher gesagt habe, das kannst du doch nicht mitmachen. Aber wenn ich das laut sagen wollte, war ich wieder nett. Ich glaube, ich werde immer nett sein. Und ich glaube, ich werde Geld verdienen und noch etwas mehr Geld verdienen und noch etwas mehr Geld verdienen und noch etwas mehr Geld verdienen. Vielleicht reicht es mal zu einem Haus, mit netten Nachbarn, die nett sind, weil ich nett bin. Denn wenn ich nicht nett bin, werde ich weniger Geld verdienen und noch weniger Geld und noch weniger Geld. Ich werde Bücher lesen und ins Theater gehen und sagen, dieses Stück war gut und dieses war nicht gut. Und am nächsten Tag kaufe ich mir die Zeitungen und vergleiche die Kritiken und nicke mit dem Kopf oder schüttele ihn. Ich werde einmal im Jahr verreisen. Und nach zwanzig Jahren Vorwärtsverdienen verreise ich zweimal. Dort werde ich frühstücken, mittagessen, abendessen und mich sonnen. Und nach vier Wochen werd ich die Rechnung bezahlen und meinen Koffer packen und wieder arbeiten. Meine Praxis vergrößern und Geld verdienen und noch mehr Geld. Für eine Frau oder zwei Frauen, für ein Kind oder zwei Kinder. Mein

Leben lang gerade für eine Fünfzimmerwohnung in ruhiger Lage. Jetzt bin ich jung. Und dann werde ich älter und älter und noch älter. Tja.
Tja, sage ich.
Man müßte was ändern, sagt Jens.
Was, sage ich.
Man müßte raus, sagt Jens.
Wohin, sage ich.
Etwas Eigenes tun, etwas Neues.
Was dich erwartet, sage ich, was uns alle erwartet, ist angestellt sein, eingefügt sein, angepaßt sein. Es sind immer welche vor uns da. Fünfzigjährige, Sechzigjährige, die uns vom Gestern erzählen und uns vom Heute abraten. Wir tun, was sie sagen, und sie ziehen uns nach oben. Über ihre Sargdeckel gelehnt, sagen sie uns, wie nett wir sind und wie folgsam und tüchtig. Und dann warten wir, bis sie absterben und wir aufrücken und ihre Welt übernehmen. Ihre, nicht unsere. Denn wenn wir oben angelangt sind, ist es für unsere Welt längst zu spät. Wir haben geholfen, daß ihre Welt stehenbleibt. Dafür haben wir alle unsere Kraft gegeben. Und wir werden unsere Kinder dazu erziehen, wieder die Welt von Sterbenden zu stützen. Die Welt der Alten, die dann oben sitzen, wie wir.
Man müßte so sein wie Uwe, sagt Jens.
Der sitzt bei der Zeitung, sage ich, und schreibt seine Artikel um. Lernt Stil. Lernt das zu schreiben, was er nicht denkt, und glaubt bald daran.
Man müßte so sein wie . . .
Wenn man rausgeht, ändert man nichts. Und wenn man bleibt, wird man verändert.
Ich bin jung, sagt Jens.
Ja, sage ich. Ich bin auch jung.
Worauf warten wir noch, fragt Jens.
Darauf, sage ich, daß ich mein Examen noch mache. Als Lehrerin mit Lehrerpension. Wenn zwei verdienen, haben wir mehr davon. Junge Leute haben mehr davon, wenn zwei mehr verdienen.
Man müßte jung sein, sagt Jens. Dann könnte man.
Ja, sage ich, jung müßte man sein.

8. Günter und Johanna Braun: Thomas Bitterfisch und seine Familie

Den Oberkörper bekleidet Bitterfisch mit einem groben Wollhemd, an der Schulter schleppt er an einem Riemen eine Tasche aus altem schwarzem Leder, in der Instandsetzungswerkzeuge enthalten sind. Es wird behauptet, von dieser Tasche trenne Bitterfisch sich selten, aber es stimmt nicht ganz. Zwar sieht man ihn kaum ohne seine Tasche, aber er ist nicht immer an diesem Wollhemd zu erkennen. Er ist auch nicht am Schnurrbart zu erkennen. Wenn es ihm einfällt, rasiert er ihn ab. Häufig wechselt er seine Kleidung. Man sieht ihn auch in weiten Hosen, die schlapp herunterhängen, in langen und kurzen Mänteln aus knisterndem buntem Stoff oder gefälschtem Leder, mit einer Mütze, wie vom Wind aufgebläht, mit Schuhen aus grauem Leinen, mit Sandalen aus Rindsleder, in Stiefeln oder barfuß. Auch ohne Tasche geht er, manchmal schlenkert er einen kleinen seidenen Beutel oder ein Netz in der Hand. Er scheint also nicht gezwungen zu sein, ständige Utensilien als Erkennungszeichen bei sich zu führen.

Möglich, daß er eines Tages auch sein Haar abschneidet, so daß es wie starres Gras nach allen Seiten steht, und es würde sich auch darin Souveränität ausdrücken, der Wunsch, nicht festgelegt zu sein.

Bitterfisch ist so souverän, daß er sich nicht mit Haufen von Kleidungsstücken belastet. Ihm gehört immer nur dasjenige, in dem man ihn gerade antrifft. Man trifft ihn nie in einem vorigen.

Bitterfisch ist der Ansicht, Kleidung sei Allgemeingut, das unter den Menschen wandern sollte, damit das Individuum die größte Freiheit zur Verwandlung habe. Bitterfisch sagt, man sollte sein Hemd möglichst oft verkaufen oder tauschen, entgegen der Meinung, daß es schädlich sei, das Hemd so oft zu wechseln wie die Überzeugung. Bitterfisch konnte ein Gasthaus in einem grünen Hemd betreten und kurz darauf in einem roten wieder herauskommen.

Man darf sich also unter ihm nicht einen alten bitteren Fisch, runzlig und stinkend, die verkörperte Verbitterung, vorstellen. Heute sind auf der Erde die Namen nicht mehr programmatisch wie bei den Griechen früher. Vielleicht gibt es auf diese Weise weniger Enttäuschungen.
An Bitterfisch ist das einzig Fischhafte sein Gleiten durch das Gedränge der Hauptstraße. Alt ist er auch nicht. Verbitterung an Alter gebunden ist ohnehin ein Vorurteil. Er scheint aber auch nicht verbittert, nicht einmal sauer, er unterscheidet sich von der Allgemeinheit, indem er lange Haare hat, die bis auf seine Schultern hängen, die er weder mit Locken verziert noch mit den aufdringlichen Salben fettet. Sein Körper ist um einen halben Kopf länger als die durchschnittlichen Körper. Trotzdem fällt er nicht durch seine Maße auf, er fällt aber durch seine Gräten, das heißt seine Knochen auf, er ist mager und knochig, kein Gramm Fleisch zuviel und Speck schon gar nicht, wogegen viele Jünglinge, Junioren oder Jugendliche an Bauch und Hintern statt Muskeln kleine Fettwülste spazierenführen.
Dieser Bitterfisch ist männlichen Geschlechts. Man könnte aber unsicher werden, weil er ein Mädchengesicht mit weißer Haut besitzt. Er ist jedoch so freundlich, durch seinen Schnurrbart die Zweifel zu zerstreuen. Betrachtet man ihn von der Rückseite, wird man erneut unsicher, zumal er jene geschlechtslosen Doppelröhren trägt, nach denen sich heute Männer und Frauen im gleichen Laden anstellen; sie werden durch einen früher Männern vorbehaltenen vorderen Unterleibsschluß und eine scharfe Naht gehalten. Obwohl also Männer und Frauen solche Gebilde aus Affenhaut, hergestellt aus Baumwollfasern, über ihre Hüftknochen zwängen, obwohl eine unausgesprochene übergeschlechtliche Verabredung zu bestehen scheint, mit diesen langen, unterm Knie trapezförmig auslaufenden Röhren die Straßen abzufegen, und Mann und Frau sich einig sind, daß für das affenhäutige Abzeichen einer kommenden geschlechtslosen Gesellschaft kein Preis zu teuer ist, besteht trotz dieser äußeren Einigkeit noch immer der große Unterschied zwischen Mann und Frau.

Im Innern des Thomas Bitterfisch müßten enthalten sein: der Lehrstoff eines dreijährigen Aufenthalts im Kindergarten, der Lehrstoff einer zehnjährigen Schulzeit polytechnischen Einschlags, der Lehrstoff einer eineinhalbjährigen Militärzeit, der Lehrstoff einer zweijährigen Ausbildung im Beruf eines Schlossers, doch würden diejenigen, die sich einst um die Füllung des Bitterfisch mit Lehrstoff bemüht haben, enttäuscht sein, wenn sie die Reste erblicken könnten, die von dem kostbaren Stoff im Innern Bitterfischs übriggeblieben sind, und einige würden vielleicht an ihrer Füllarbeit zu zweifeln anfangen, wenn sie erführen, daß trotz der traurigen Stoffarmut in seinem Innern Bitterfisch dort, wo er schlossert, in hohem Ansehen steht.
Bitterfisch scheint manchmal mit offenen Augen nichts zu sehen, trotz als funktionstüchtig befundener Gehörgänge nichts zu hören und bei normal veranlagten Sprechwerkzeugen stumm zu sein und unbeschadet durch die sich kräuselnde Masse von Eindrücken zu schwimmen.
Manchmal empfinden seine Mitmenschen den Bitterfisch als nicht vorhanden. Er scheint davongeflogen, obwohl er nicht der Art fliegender Fische angehört.
Wenn er von seiner Arbeit nach Hause kommt, gelingt es ihm manchmal, sich in ein flugfähiges Wesen zu verwandeln, ohne den Antrieb warmer Luft, ohne Gestänge, Flügel und Motoren, ohne Raketentreibstoff. Er legt sich auf sein Bett, von dort aus startet er in Gebiete, die keine fest umrissenen Grenzen haben.
Bitterfischs Kopf ist trotz der kümmerlichen Bildungsreste darin nicht leer, er enthält die Topographien[4] nicht lehrplanwürdiger Landschaften, er enthält den besonderen Treibstoff für den Flug, doch wird er öfter daran gehindert aufzufliegen, weil sein Bett ein Bett unter vielen Betten ist.
Wenn er die Wohnung betreten will, die sich zu ebener Erde in einem Haus aus Holz und Stein befindet, muß er zuerst durch die Küche, denn alle Räume der Wohnung sind fortlau-

4. Ortsbeschreibungen.

fend angeordnet, so wie sie chronologisch von Vater Bitterfisch im Laufe der Jahre angegliedert wurden, so daß es keinen Raum gibt, außer der Küche, den man betreten kann, ohne auch andere Räume zu durchwandern.
An sich liebt Bitterfisch die Küche, wo er an einem alten mit Holz und Kohlen und lästigen Papiererzeugnissen beschickten Herd auf einem Schemel sitzen kann und wo ihm, wenn der Herd warm ist und auf ihm Wasser brodelt, manchmal sogar der Flug gelingt. Auch stören ihn die leisen, spärlichen Gespräche der Eltern nicht, auch nicht das Kritzeln der Geschwister auf Schulpapier, auch nicht das Lallen eines Säuglings muß startverhindernd wirken, Phonzahlen sind nicht entscheidend, er kann auch bei Radiogeräusch auffliegen oder beim Kreischen einer Säge. Doch als er eines Nachmittags nach Hause kam, sah er, daß in der Küche, die voller süßlich-saurem Rauch hing, gerade diejenigen Personen saßen, von denen er gewohnt war, daß sie ihn an den Erdboden niederdrückten, was sie ebenfalls ohne alle technischen Hilfsmittel taten und ohne sichtbare Anstrengung körperlicher Kraft. Es handelte sich um Bitterfischs ältere Schwester Rena und deren Mann Hadubrand, welche der Küche und den darin enthaltenen Eltern Bitterfisch einen Besuch abstatteten.
Man muß den beiden zugute halten, daß sie, wenn sie auch in dem Folgenden ununterbrochen damit beschäftigt sind, Bitterfisch am Aufflug zu hindern, überhaupt nicht wußten, daß Bitterfisch auffliegen wollte und daß sie von den in seinem Innern magazinierten Ländern noch nicht einmal ahnten, daß es sie gab. Es darf ihnen also keine unfreundliche Absicht unterstellt werden, vielmehr muß gesagt werden, daß sie dem Thomas Bitterfisch bei seinem Eintritt warmherzig entgegenlächelten, während von Bitterfisch gesagt werden muß, daß er bei ihrem Anblick die Stirn in Falten zog und mufflig aussah, kaum die Lippen öffnete, um den erforderlichen Gruß zu sprechen, als wären Rena und ihr Gatte Hadubrand mit Tauen oder sogar Stricken in den Händen gekommen, um ihn am Boden festzubinden, obwohl sie völlig harmlos mit Hilfe

weißer tabakgefüllter Röllchen blauen Dunst produzierend dasaßen und Hadubrand dem eintretenden Bitterfisch ein Silberetui mit Röllchen hinhielt und ihn zur Produktion von weiterem Dunst einlud und Schwester Rena sofort aus einer klebrigen Flasche rote Zähflüssigkeit in eine Glasschale füllte, die sie dem Bruder in die Hand gab.
So läßt sich bei den beiden nichts von einer Absicht feststellen, den Thomas Bitterfisch am Flug zu hindern, doch Bitterfisch empfand sofort, wie sich seiner ein Druck bemächtigte, wie er schlapp wurde, als er die Worte hörte, die seine Schwester Rena sowie ihr Gatte äußerten. Bitterfisch war eben zu sensibel. Sie sagten nämlich gar nichts. Es wurden lediglich Kleidungsstücke, Motorfahrzeuge, Einrichtungsgegenstände zerfasert und zerlegt, und es scheint unerklärlich, wieso derartige Worte den Flug des Bitterfisch behindern sollten. Der Schwager Hadubrand schwieg überhaupt zunächst, doch Bitterfisch empfand, daß von ihm eine Kraft ausging, die ihn nicht starten ließ.
Möglicherweise war es nur das Beispiel Hadubrands, der weich, fließend, schwer und zäh auf einem Sessel saß, der seinetwegen in die Küche geschleppt worden war. Hadubrand kam meistens schwer wieder hoch. War das ein Grund für einen vernünftigen Menschen, ebenfalls nicht hochzukommen? Aber es handelt sich nun einmal um Thomas Bitterfisch.
Und Bitterfisch war, wie der Schwager vertraulich zu seinen Eltern geäußert hatte, beinah ein Sonderling, zumindest bestand bei ihm die Gefahr, sich zu einem Sonderling zu entwickeln, noch dazu zu einem jugendlichen Sonderling.
Der Schwager meinte, daß es zu Bitterfischs Wohl gereiche, wenn man sich im Familienkreis mehr um ihn kümmerte, wenn Hadubrand auch nichts von seinen Fluggewohnheiten wußte, war ihm doch nicht der abwesende Zug entgangen, der manchmal in Bitterfischs Gesicht trat, sein Nichtvorhandensein, wenn alle andern vorhanden waren.
Der Schwester entging vor allem nicht, daß Bitterfisch Doppelröhren trug, die sie der Form nach zu eng, dem Inhalt nach zu unanständig fand.

»Verdienst du denn nicht wenigstens so viel, daß du dir anständige Hosen leisten kannst?« fragte sie, als Bitterfisch sich stumm, das klebrige Glas in der Hand, am Herd niederließ.

Bitterfisch überhörte ihre Frage. Die Schwester mußte sie dreimal aufwerfen, bis er, wie sie meinte, etwas dümmlich fragte, wie anständige Hosen beschaffen zu sein hätten, so daß sie umständlich und weitausholend über Struktur, Bedeutung und äußere sowie innere Wirkung von zeitgenössischen Hosen zu sprechen genötigt war. Trotzdem schien Bitterfisch nur zu begreifen, daß er eine Hose anziehen sollte, wie Schwager Hadubrand sie trug.

Das meine sie nicht, sagte Rena, aber bei Bitterfischs Hose bestehe in jeder Sekunde die Gefahr, daß der Verschluß aufplatze. Außerdem wirke sie lächerlich. »Du siehst drin aus wie ein Hampelmann, fehlt bloß noch zwischen den Beinen die Strippe zum Ziehen.«

Bitterfisch sagte, an der Stelle habe er etwas Schöneres, worauf die Schwester erschrocken schwieg, der Schwager aber das Wirken der äußeren Form auf die innere Moral erklären zu müssen glaubte, und da die Hose als Beispiel ihm nicht genügte, zumal sie ja in staatlichen Läden angeboten wurde, also nicht eigentlich unmoralisch sein konnte, zog er die langen Haare Bitterfischs heran, indem er fragte, ob Bitterfisch nicht auch empfinde, daß er herumlaufe wie ein Schwuler, unmännlich sozusagen, ob er nicht meine, daß man die Zotteln abschneiden müßte, auch hygienischerseits.

Bitterfisch sagte, er verlange ja auch nicht, daß der Schwager seine Haartracht ändere. Er hatte aber keine Lust, sich weiterhin zu äußern. Er schloß die Augen, als ob er schliefe, und als er nach einer halben Stunde gewahr wurde, daß Hadubrand noch immer das Thema Haare behandelte, sagte er, ohne sie zu öffnen: »Bei den alten Germanen hatten die Freien langes Haar und die Hörigen kurzes.«

»Wir sind keine alten Germanen«, sagte Hadubrand gekränkt. Er sah Bitterfischs Eltern an, als er sagte, »man sollte ihn wirklich, man sollte ihn, glaubt es mir.«

»Bei der Armee war ich schon«, sagte Bitterfisch. Er nahm immer noch Schlafstellung ein und hielt die Augen geschlossen.
»Wirklich«, sagte Hadubrand, »so geht es nicht, ihr laßt ihn völlig verkommen, ihr kümmert euch nicht um ihn, ihr laßt ihn hinschlampen. Arbeitet er denn überhaupt, ich meine beispielsweise an sich, nicht nur um Geld zu verdienen, sondern um sich zu vervollkommnen, als Mensch, meine ich, als Persönlichkeit? Ihr achtet nicht darauf, ihr seid zu schlapp, ihr habt keinerlei Disziplin, ihr setzt die Kinder in die Welt, das ist auch alles, vermehren könnt ihr euch, aber das genügt nicht.«
Die Eltern saßen da, als ob sie niedergeschmettert wären. Es war der Ritus: der Füllung der Küche mit süßsäuerlichem blauem Dunst, der Ausschenkung klebrigen, zähen, dumpf berauschenden Saftes, der Schilderung materieller Strukturen folgte die moralische Aufrüttelung, und wie von Bitterfisch und allen anderen erwartet, erwiderte Bitterfischs Vater nach einigem Schweigen: »Wir bauen an.«
»Ja, ihr baut an«, entgegnete ebenfalls wie erwartet Hadubrand, »ihr baut und dann vermehrt ihr euch weiter«, er äußerte, wie schon oft, den Wunsch, der Patriarch der Familie Bitterfisch zu sein, um deren Mitglieder, insbesondere Thomas Bitterfisch, zu erziehen. »Seht ihn euch doch an, wie er dasitzt, mit offenem Mund, die Augen geschlossen, vollkommen ungeistig, leer, stumpf. Das muß eines Tages kriminell enden.« Hadubrand sagte auch, er könnte sich nicht vorstellen, wie ein so beschaffener Thomas Bitterfisch überhaupt eine gesellschaftlich wertvolle Arbeit zu leisten imstande sei.
Bitterfisch konnte sich die Arbeit Hadubrands allerdings auch nicht vorstellen, er dachte, von dir weiß ich bloß, daß du einen Schreibtisch, einen Schrank voll Papier und ein altes buntgemaltes Weib in deinem Büro hast, das dir Kaffee kocht und schwarze Herrentorte vom Bäcker holt. Doch im Gegensatz zu Hadubrand bedauerte er sein Unwissen nicht, da sein Drang zu entfliegen sehr stark war, wartete er das Ende des Rituals nicht ab.

In schlapper und krummer Haltung, vollkommen kraftlos, unjugendlich, wie Hadubrand bekümmert feststellte, schlurfte er aus der Küche, um sich außerhalb der Behausung einen günstigen Startplatz zu suchen.

9. Elfriede Jelinek: was ist das, was da so leuchtet?

was ist das, was da so leuchtet wie reife polierte kastanien, fragt sich heinz eines tages auf dem weg zur arbeit. es ist brigittes haar, das frisch getönt ist. man muß nur aufpassen, daß die einwirkungszeit nicht zu lange ist.
heinz hat geglaubt, daß das reife polierte kastanien sind, die da so leuchten, jetzt sieht er aber, daß es brigittes haar ist, das da so leuchtet. er ist erstaunt, daß das schicksal zugeschlagen hat.
ich liebe dich, sagt brigitte. ihre haare glänzen in der sonne wie reife kastanien, die auch nicht poliert sind. ich liebe dich so sehr. das ist das gefühl der liebe, dieses unausweichliche gefühl. mir ist, als ob ich dich immer schon gekannt hätte, seit meiner längstvergangenen kindheit schon. brigitte sieht zu heinz auf.
auch heinz ergreift sofort das gefühl. außerdem ergreift ihn eine sinnlichkeit, von der er schon gehört hat, daß es sie gibt.
es ist neu und erschreckend zugleich.
heinz will elektriker werden. wenn man etwas lernt, ist man nachher mehr als man vorher war. außerdem ist man dann auch mehr als alle, die nichts gelernt haben.
uns beiden passiert hier etwas, sagt brigitte, das neuer und erschreckender ist als alles, was uns bisher geschehen ist, auch neuer und erschreckender als der betriebsunfall voriges jahr, bei dem eine hand verloren wurde: die liebe. ich weiß jetzt nämlich, daß ich dich liebe, und bin froh, daß ich es weiß. für mich gibt es keinen anderen mann als dich, heinz, und wird

auch keinen mehr geben. oder siehst du hier einen anderen mann? heinz sieht keinen, und das gefühl der sinnlichkeit verstärkt sich noch. diese lippen ziehen mich förmlich in ihren bann, denkt heinz. sie locken, und sie verheißen etwas. was? heinz denkt nach. jetzt hat er es: sinnlichkeit.
ich liebe dich so sehr, sagt brigitte, ihr haar glänzt wie reife kastanien in der sonne. ihre vollen lippen sind leicht geöffnet, als ob sie locken oder zumindest verheißen würden. was? ich liebe dich so sehr, daß es weh tut, es tut seelisch in der seele weh und körperlich im körper weh. ich möchte, daß du immer bei mir bleibst, mich niemals verläßt. nach der hochzeit möchte ich ganz zu hause bleiben und nur für dich und unser gemeinsames kind dasein.
was ist meine arbeit in der fabrik gegen dieses gefühl der liebe? nichts! sie verschwindet, und nur mehr das gefühl der liebe ist hier.
heinz will sich eine neue modische hose kaufen. jetzt, wo er geliebt wird, ist eine moderne hose noch viel wichtiger als zuvor. leider geht der ganze lohn des letzten lehrjahrs an den wochenenden in den diskotheken drauf. auch dort herrscht sinnlichkeit, doch weniger als hier bei brigitte, wo es aktuell wird.
ich brauche dich, und ich liebe dich, sagt brigitte. ihr haar leuchtet in der sonne wie reife polierte kastanien, die liebe ist ein gefühl, daß einer den andren braucht. ich brauche dich, sagt brigitte, damit ich nicht mehr in die fabrik gehen muß, denn die fabrik brauche ich eigentlich überhaupt nicht. was ich brauche, das bist du und deine nähe. ich liebe dich und ich brauche dich.
hoffentlich ist diese liebe auch körperlich, hofft heinz. ein mann muß alles mitnehmen, was er kriegen kann. auch muß er einmal ein schönes heim haben, auf das er vorher sparen muß, auch muß er einmal kinder haben, aber vorher muß er noch etwas vom leben gehabt haben. die arbeit ist nicht alles, weil die liebe alles ist. ob das wohl die körperliche liebe ist, fragt heinz.
ja, heinz, es ist die liebe, sagt brigitte. ihr haar schimmert in

der sonne wie reife polierte kastanien. plötzlich ist sie zu uns gekommen, ganz über nacht, heinz, wer hätte das gedacht? du wirst für mich sorgen und mich für meine liebe belohnen und entschädigen, nicht wahr, heinz?
ich liebe dich nämlich so sehr.
heinz behält sein berufliches fortkommen und kurse, die vielleicht besucht werden werden, im auge. brigitte behält in einem auge die liebe, die wie eine schwere krankheit ist, im anderen auge behält brigitte ihre zukünftige wohnung und deren einrichtung im auge. brigitte hat gehört, daß es richtig ist, wenn es wie eine krankheit ist, brigitte liebt heinz richtig und echt.
verlaß mich niemals, heinz!
die eltern von heinz kaufen unter großen opfern die moderne hose für heinz. sie wollen aber dafür keine dummheiten zwischen mädchen und heinz. sie sagen, er kann sich damit seine ganze berufliche zukunft ruinieren. hat sich denn vater nicht genug geplagt sein leben lang? ein ruiniertes leben in der familie reicht doch wirklich.
die zukunft ist für heinz, der etwas erreichen will, wichtig. heinz, der bis jetzt noch nichts im leben erreicht hat, sagt: das leben besteht nicht nur aus arbeit. du hast im leben noch nichts gelernt und nichts erreicht, deswegen kannst du das gar nicht wissen, sagt der vater, der auch nichts erreicht und gelernt hat und schon alt ist.
ich liebe dich, sagt brigitte, die heinz nicht verlieren will. was man einmal hat, das möchte man behalten, womöglich kann man sogar mehr bekommen als man hat. vielleicht ein eigenes geschäft. sie kann fleißig mitarbeiten, was sie gewohnt ist.
ich liebe dich, sagt brigitte. endlich muß man nicht mehr fragen, ob dies die liebe ist, weil sie es sicher ist.
heinz und brigitte erschrecken vor der größe dieses gefühls. brigitte erschrickt mehr als heinz, weil gefühle mehr weiblich sind.
der beruf ist mehr männlich. er macht heinz nur wenig freude, trotzdem will und kann er vorwärtskommen, egal wohin. die liebe macht heinz zwar mehr freude, trotzdem

muß er dabei vorsichtig sein, damit er nicht beruflich durch sie behindert wird. die modischen kleidungsstücke, die sich heinz von seinem lohn wird kaufen können, machen ihm sicher freude, die modischen kleidungsstücke, die er seiner frau wird kaufen müssen, machen ihm sicherlich viel weniger freude. daher: vorsicht!

die liebe tut brigitte weh. sie wartet auf einen anruf von heinz. warum kommt dieser nicht? es tut so weh zu warten. es tut deshalb weh, weil brigitte sich nach heinz sehnt. brigitte sagt, daß heinz ihre ganze welt ist. brigittes welt ist daher klein. das leben erscheint ihr sinnlos ohne ihn, das leben erscheint ihr auch mit ihm nicht sehr sinnvoll, es sieht bloß sinnvoller aus, jedenfalls sinnvoller als ihre arbeit in der büstenhalterfabrik.

komm zurück, heinz! ich liebe dich, und ich brauche dich.

heinz braucht eine gesicherte existenz. etwas in ihm sagt: strebe vorwärts, das sagen auch die erfahrenen eltern, die über die landesgrenzen noch nicht hinausgekommen sind.

laß mich nie mehr allein, bittet brigitte, mein leben ist sinnlos ohne dein leben.

brigitte muß schauen, daß sie einen mann bekommt, der nicht ins wirtshaus geht. sie muß schauen, daß sie eine schöne wohnung bekommt. sie muß schauen, daß sie kinder bekommt. sie muß schauen, daß sie schöne möbel bekommt. dann muß sie schauen, daß sie nicht mehr arbeiten gehen muß. dann muß sie vorher noch schauen, daß das auto ausbezahlt ist. dann muß sie schauen, daß sie sich jedes jahr einen schönen urlaub leisten können. dann muß sie allerdings schauen, daß sie nicht durch die finger schauen muß.

man lebt nur einmal, sagt brigittes mutter, der dieses eine mal schon zuviel ist und zu oft, weil sie keinen mann hat.

brigittes eines leben ist jedoch ausgefüllt, weil es voll von heinz ist. ihr haar glänzt wie polierte kastanien in der sonne. brigitte ist geradezu überwältigt von diesem leben, das, dank heinz, fast eine nummer zu groß für sie ist. von ihrer arbeit ist brigitte nicht überwältigt, weil sie einförmig ist. heinz ist, im gegensatz zu ihrer arbeit, überwältigend.

heinz muß noch etwas im leben erreichen, bevor er an eine familie auch nur denken darf. brigitte will heinz erreichen, der dann etwas für sie erreichen soll, weil er eine zukunft hat. die zukunft von heinz liegt in der elektrobranche, in der er tätig ist. die zukunft von brigitte liegt in heinz. gute fachleute sind mangelware.
mein gott, wie ich dich liebe, sagt brigitte zu heinz.
auch ich spüre dieses gefühl, entgegnet heinz. sein vater spürt seine bandscheiben, weil er fernfahrer ist, was er bald gewesen sein wird, wenn die bandscheiben sich nicht beherrschen. der fernfahrer glaubt, daß brigitte nichts ist und nichts hat. er glaubt, daß heinz etwas wird und jetzt schon etwas hat: nämlich begabung, ausdauer und fleiß. enttäusche deinen vater nicht, heinz! er glaubt, daß du ansprüche stellen kannst und darfst.
am besten, heinz sucht sich eine frau mit geld, damit er sich bald selbständig machen kann und ein eigenes geschäft kriegt. hübsche gesichter wie das von brigitte täuschen oft, beruflicher niedergang liegt in ihnen. die eltern wollen das beste für heinz. das ist brigitte sicher nicht: das BESTE.
ich liebe dich so sehr, sagt brigitte. mein glänzendes haar unterstützt meine liebe. was meine liebe noch unterstützt: dein beruf, der eine zukunft hat. was meine liebe außerdem unterstützt: ich selbst, die ich überhaupt nichts habe.
die heinzeltern wollen, daß heinz auf das echte schaut, was brigittes haare nicht sind. sie sind gefärbt. heinz ist noch viel zu jung, um das echte zu erkennen, wenn er es sieht. für das echte sind die eltern zuständig, die ihr leben lang damit zu tun gehabt haben. der vater spürt, daß seine bandscheiben sehr, sehr echt sein müssen, heinz kann ansprüche stellen, wofür er seinen beruf schließlich erlernt.
auch brigitte liebt das echte sehr. heinz, den echten mann, zum beispiel, dann echte teppiche, echte sitzgarnituren und eine echte kleine hausbar.
heinz will noch etwas von seinem leben haben. heinz kann noch etwas von seinem leben haben, solange er bei seinen eltern wohnt und geld spart. außerdem ist er noch zu jung,

um sich schon zu binden. brigitte, deren haar heute wieder glänzt, daß es in den augen weh tut, liebt heinz so sehr, daß etwas in ihr zerbrechen würde, wenn heinz sie wegwirft. ich liebe dich, sagt sie in der art ihrer lieblinge von film, funk, fernsehen und schallplatte. ich weiß nicht, ob es für ein ganzes leben reicht, sagt heinz, ein mann will viele frauen genießen. ein mann ist anders.
ich liebe dich doch gerade deswegen, weil du ein mann bist, sagt brigitte. du bist ein mann, der einen beruf lernt, ich bin eine frau, die keinen beruf gelernt hat. dein beruf muß für uns beide reichen. das tut er auch spielend, weil er so ein großer schöner beruf ist. du darfst mich niemals verlassen, sonst würde ich sterben, sagt brigitte.
so schnell stirbt man nicht, sagt heinz. du müßtest eben auf einen zurückgreifen, der weniger verdient, als ich einmal verdienen werde.
ich liebe dich doch gerade deswegen, weil du mehr verdienst als einer, der weniger verdient.
außerdem liebt brigitte heinz, weil dieses gefühl in ihr ist, gegen das sie nicht ankommt. schluß.
ihr haar ist wie polierte edelkastanien.
ich werde es mir bis morgen überlegen, sagt heinz. so macht man das im modernen wirtschaftsleben, in welchem ich mich auskenne.
ich liebe dich so sehr, antwortet brigitte. morgen ist schon die zukunft, und die habe ich nicht.
mich hast du jedenfalls auch nicht, sagt heinz.
ich möchte daher nicht in deiner haut stecken.

10. Reiner Kunze: Fünfzehn

Sie trägt einen Rock, den kann man nicht beschreiben, denn schon ein einziges Wort wäre zu lang. Ihr Schal dagegen ähnelt einer Doppelschleppe: lässig um den Hals geworfen, fällt er in ganzer Breite über Schienbein und Wade. (Am liebsten

hätte sie einen Schal, an dem mindestens drei Großmütter zweieinhalb Jahre gestrickt haben – eine Art Niagara-Fall aus Wolle. Ich glaube, von einem solchen Schal würde sie behaupten, daß er genau ihrem Lebensgefühl entspricht. Doch wer hat vor zweieinhalb Jahren wissen können, daß solche Schals heute Mode sein würden.) Zum Schal trägt sie Tennisschuhe, auf denen sich jeder ihrer Freunde und jede ihrer Freundinnen unterschrieben haben. Sie ist fünfzehn Jahre alt und gibt nichts auf die Meinung uralter Leute – das sind alle Leute über dreißig.
Könnte einer von ihnen sie verstehen, selbst wenn er sich bemühen würde? Ich bin über dreißig.
Wenn sie Musik hört, vibrieren noch im übernächsten Zimmer die Türfüllungen. Ich weiß, diese Lautstärke bedeutet für sie Lustgewinn. Teilbefriedigung ihres Bedürfnisses nach Protest. Überschallverdrängung unangenehmer logischer Schlüsse. Trance. Dennoch ertappe ich mich immer wieder bei einer Kurzschlußreaktion: Ich spüre plötzlich den Drang in mir, sie zu bitten, das Radio leiser zu stellen. Wie also könnte ich sie verstehen – bei diesem Nervensystem?
Noch hinderlicher ist die Neigung, allzu hochragende Gedanken erden zu wollen.
Auf den Möbeln ihres Zimmers flockt der Staub. Unter ihrem Bett wallt er. Dazwischen liegen Haarklemmen, ein Taschenspiegel, Knautschlacklederreste, Schnellhefter, Apfelstiele, ein Plastikbeutel mit der Aufschrift »Der Duft der großen weiten Welt«, angelesene und übereinandergestülpte Bücher (Hesse, Karl May, Hölderlin), Jeans mit in sich gekehrten Hosenbeinen, halb- und dreiviertel gewendete Pullover, Strumpfhosen, Nylon und benutzte Taschentücher. (Die Ausläufer dieser Hügellandschaft erstrecken sich bis ins Bad und in die Küche.) Ich weiß: Sie will sich nicht den Nichtigkeiten des Lebens ausliefern. Sie fürchtet die Einengung des Blicks, des Geistes. Sie fürchtet die Abstumpfung der Seele durch Wiederholung! Außerdem wägt sie die Tätigkeiten gegeneinander ab nach dem Maß an Unlustgefühlen, das mit ihnen verbunden sein könnte, und betrachtet es als Ausdruck

persönlicher Freiheit, die unlustintensiveren zu ignorieren. Doch nicht nur, daß ich ab und zu heimlich ihr Zimmer wische, um ihre Mutter vor Herzkrämpfen zu bewahren – ich muß mich auch der Versuchung erwehren, diese Nichtigkeiten ins Blickfeld zu rücken und auf die Ausbildung innerer Zwänge hinzuwirken.
Einmal bin ich dieser Versuchung erlegen.
Sie ekelt sich schrecklich vor Spinnen. Also sagte ich: »Unter deinem Bett waren zwei Spinnennester.«
Ihre mit lila Augentusche nachgedunkelten Lider verschwanden hinter den hervortretenden Augäpfeln, und sie begann »Iix! Ääx! Uh!« zu rufen, so daß ihre Englischlehrerin, wäre sie zugegen gewesen, von soviel Kehlkopfknacklauten – englisch »glottal stops« – ohnmächtig geworden wäre. »Und warum bauen die ihre Nester gerade bei mir unterm Bett?«
»Dort werden sie nicht oft gestört.« Direkter wollte ich nicht werden, und sie ist intelligent.
Am Abend hatte sie ihr inneres Gleichgewicht wiedergewonnen. Im Bett liegend, machte sie einen fast überlegenen Eindruck. Ihre Hausschuhe standen auf dem Klavier. »Die stelle ich jetzt immer dorthin«, sagte sie. »Damit keine Spinnen hineinkriechen können.«

11. Willi Fährmann:
Irgendwie hat sich der Junge verändert

»Kannst mir wenigstens ein einziges geben, Jüll. Hast ja so viele.« »Ne. Ich verschenke keins. Ich behalte meine Karnikkel«, antwortete Jüll kurz angebunden und fuhr fort, den Mist sorgfältig aus der linken unteren Box herauszukratzen.
»Ganz gleich, was du mir für eins gibst, Jüll. Das ist mir gleich. Ich bau mit meinem Onkel einen Stall und hol Gras und koch Kartoffeln und kauf Haferflocken, alles genau wie du.«

»Hör endlich auf, Berti. Ich geb keins ab. Außerdem hast du keinen Platz für ein Karnickel.«
Das stimmte. Fast alle in der Siedlung hatten das Ställchen, das in den kleinen Hof hinein an die Wohnhäuser angebaut war, längst umgebaut. Niemand hielt mehr ein Schwein oder eine Ziege. Garagen, Badezimmer, Hobbyräume waren aus den Ställen geworden.
»Auf'm Balkon könnte ich doch . . .«
»Du spinnst, Berti. Was meinst du, was deine Tante dazu sagt? Die schmeißt dich hochkant raus aus der Bude. Mitsamt Karnickel.« Jüll wischte mit einem feuchten Tuch den Stall aus, rupfte aus dem Strohballen einen Arm voll Streu, verteilte sie gleichmäßig und lockte halblaut: »Franz, komm, komm!«
Ein hellgraues Kaninchen hüpfte quer durch den Schuppen auf den Jungen zu. Jüll strich mit der flachen Hand über sein Fell. Wohlig stemmte sich das Tier mit den Hinterläufen hoch und drückte seinen Rücken gegen die Handfläche.
»Schluß für heute«, sagte Jüll und hob das Kaninchen in die Box.
»Aber wenn du mal eins abgibst, Jüll, krieg ich dann eins?«
»Sicher, Berti«, antwortete Jüll und schlug dem Jungen aus dem Nachbarhaus leicht auf den Rücken. Jüll zog sich an der Tür zur Küche die Schuhe aus, schaute an sich hinunter, zupfte ein paar Strohhalme von der Hose und winkte Berti zu. Der ging durch die Außentür in den Hof. Jüll trat in die Küche.
»Mama?«
Es blieb still.
Gut, dachte er. Nun konnte er sich in Ruhe waschen und umziehen. Fast jedesmal gab es freitags bei Kräbbes Krach, wenn Jüll die Ställe saubermachte.
»Schaff doch die Viecher ab, Jüll«, sagte Mama. »Wir brauchen endlich ein vernünftiges Badezimmer.«
»Kein Mensch ißt noch gern Karnickelfleisch, Jüll. Damals, als ich noch ein Junge war, damals in der schlechten Zeit, da hatte ich an die zwanzig Stück. Aber heute? Wer hält denn heute noch Karnickel?« sagte Vater.

»Mein sechzehnjähriger Bruder Julius züchtet Kaninchen. Deshalb müssen wir uns mit einer Sitzbadewanne begnügen«, sagte Karla. »Halt die Klappe, blödes Huhn! Für deine Töpfchen und Tuben und Fläschchen wirst du nie Platz genug haben.«
Seit zwei Jahren hackten sie alle auf seinen Kaninchen herum. Selbst als er von der letzten Bezirksausstellung für sein Muttertier Margareth die goldene Züchterplakette mitgebracht hatte, warfen sie nur einen flüchtigen Blick darauf und lächelten, wie man eben über einen Spinner lacht.
Jüll stieg die schmale Treppe hinauf in sein Zimmer. Wenn er allein war und sich nicht zusammennahm, hinkte er stark.
Schluckimpfung ist süß ...
Er ließ viel heißes Wasser in die kurze Badewanne laufen, zog sich aus und massierte die Muskeln an seinem dünnen linken Bein. Die Haustür fiel ins Schloß.
»Jüll?«
»Ja, Mama, ich bade mich.«
»Mach die Wanne nachher sauber.«
»Ja, Mama.«
An diesem Abend fiel sie ihm zum ersten Male auf. Auf Gerds Fete saß sie im Halbdunkel. Ihr langes, hellblondes Haar schimmerte wie im Werbefernsehen.
»Wer ist das, Ludwig?« fragte er.
»Ist neu hier. Margitt heißt sie oder so. Arbeitet bei meiner Schwester bei Textil-Pluto am Band.«
Es war für ihn nicht schwer, mit Margitt ins Gespräch zu kommen. Sie war mit ihren Eltern aus dem Sauerland zugezogen. Das Werk dort hatte zugemacht. Ihr Vater und sie und das ganze Dorf hatten im Werk gearbeitet. Hier hatte Vater wieder eine Stelle gefunden. »Du hast einen schönen Namen«, sagte Jüll.
»Meinst du?« fragte sie skeptisch.
»Ich habe mein bestes Kaninchen so ähnlich genannt. Margareth heißt es.«
Sie lachte amüsiert.
»Ist mein bestes Tier. Weißer Wiener, schneeweißes Fell und

blaue Augen«, erklärte er eifrig. »Hat schon dreimal Junge geworfen. 'ne Goldmedaille hab ich für Margareth bekommen.«
»Hör mal«, stoppte sie ihn. »Du machst mir vielleicht drollige Komplimente.«
Jüll wurde verlegen. »Ich mein doch nur, schöner Name, nicht?«
In den folgenden Wochen kamen Jülls Kaninchen ein wenig zu kurz. Er fütterte sie zwar regelmäßig und hielt ihre Boxen sauber, rief sie auch gelegentlich beim Namen, aber das alles geschah automatisch, schnell, fast nebenher. Er stand nicht mehr stundenlang im Ställchen herum, beobachtete nicht, wie die Jungen zum ersten Male ihr weißes Wollnest verließen, und redete kaum noch seinen Tieren zu. Er brauchte seine Zeit für Margitt.
Wenn sie um fünf Feierabend hatte, wartete er bereits ungeduldig vor dem Werkstor. Am dritten Tag hatte sie ihn eingeladen, mit ins Haus zu kommen, und er hatte mit der Familie das Abendbrot gegessen.
Gegen zehn, als er gehen wollte, wußte Margitts Mutter alles über ihn. Er lernte Technischer Zeichner. Er besaß die mittlere Reife, Mathe und Bio eine Eins. Er hatte mit sieben Jahren einen leichten Anfall von Kinderlähmung überwunden. Ja, das mit dem Bein würde so bleiben. Aber er spürte es nur, wenn es bald Regen gab.
Margitt ging mit bis an die Haustür. Die Bogenleuchte stand genau gegenüber auf der anderen Straßenseite. Er ließ ihr Haar durch seine Finger gleiten.
»Weich wie bei Margareth?« neckte sie ihn.
»Viel, viel schöner«, antwortete er und ging.
Er bereitete mit Margitt die Einstandsfete vor, schleppte seine Stereoanlage zu ihr hinüber und suchte gemeinsam mit ihr die Platten aus. Lange tüftelte er an einer Lichtorgel. Endlich funktionierte sie.
»Du hast geschickte Finger«, lobte ihn Margitts Vater.
Sie schien sich darüber zu freuen und sagte: »So'n Schuppen ist prima für 'ne Fete, woll?«

Jüll lachte über dieses Satzanhängsel. Sie ärgerte sich. Immer wieder entschlüpfte ihr dieses *Woll* und verriet jedem, daß sie aus einem Sauerlandkaff in die Großstadt gekommen war.
»Ich habe meine Karnickel in dem Ställchen«, sagte er.
Sie druckste herum. »Du, Jüll«, sagte sie schließlich. »Weißt du eigentlich, daß man das riechen kann?«
»Was?« fragte er verblüfft. »Was kann man riechen?«
»Na, daß du Kaninchen hast, kann man riechen.«
»Hör mal«, protestierte er. »Bei uns gibt es fließendes Wasser kalt und heiß. Und die Seife ist auch schon seit einiger Zeit erfunden.«
»Mag alles sein. Jüll, sei mir nicht böse, aber du ...« Sie stockte einen Augenblick und stieß dann leise hervor: »Du stinkst nach Kaninchen.«
Er wurde rot. »Bestimmt?« fragte er unsicher.
Sie nickte.
Das war am Donnerstag. Am Freitag verkaufte Jüll das Muttertier mit den Jungen an Jupp, den zweiten Vorsitzenden des Vereins. Gegen Abend baute er mit dem Onkel den Stall hinter dem Schuppen des Nachbarhauses auf und benagelte ihn mit Dachpappe. Als Berti gegen sieben von seinem Freund zurückkam, fand er den Sechsboxenstall mit den fünf Kaninchen fertig vor.
»Das ist ja wie Weihnachten!« jubelte er und rannte auf Jüll zu. Der schleuderte den schmalen Jungen rundum und sagte: »Aber sorg mir gut für die Tiere, für deine Kaninchen, hörst du?« Und dann fügte er noch hinzu: »Und wasch dich gründlich, wenn du bei ihnen warst, sonst sagen sie noch in der Schule, du stinkst.«
»Verstehst du das?« fragte Mama Kräbbes ihren Mann. »Irgendwie ist der Junge verändert.«
Vater Kräbbes zuckte die Schultern. »Ich hab übrigens schon mit Werner gesprochen. Der hilft ab Montag beim Umbau. Die Wanne und die Platten kann er im Großhandel besorgen.«
»Ich kann's nicht glauben«, brummelte Mama Kräbbes. »Jahrelang haben wir alles versucht, ihm den Karnickelvogel aus-

zureden. Und da kommt so'n hellblonder Handfeger, sagt ein einziges Wort, und schon ist alles klar.«
»Es hat eben gefunkt bei unserm Jüll«, lachte Karla. »Macht der Liebe.«
Am Samstag war Jüll den ganzen Tag über bei Margitt. Sie schmückten den kleinen Schuppen mit Luftschlangen und Kreppapier, bockten ein Fäßchen Bier auf und stellten den Grill auf dem kleinen Hof zurecht. Ludwig half auch. Gegen sieben knatterten die Mopeds. Rolf rollte mit seiner Ente heran. Fünf Mädchen hatte er in das kleine Auto geladen. Die Stereoanlage jaulte auf. Die Party lief.
Margitt hatte keine Zeit für Jüll. Sie begrüßte die Gäste, reichte Gläser an, holte die Grillwürstchen aus dem Kühlschrank, tanzte mit Ludwig, hatte ihre Hand um seinen Nakken gelegt.
Gegen zehn hockte sich Jüll zu ihr auf die Gartenbank.
»Tolle Party, Jüll, was?«
»Ja«, antwortete er einsilbig.
»Was ist?« fragte sie.
»Ich hab keine Karnickel mehr. Gestern habe ich alle weggegeben.«
»Na, prima«, sagte sie kurz. »Iß doch noch ein Würstchen.«
»Komm, Gitta«, rief Ludwig, »wir tanzen noch eins!«
Jüll sah, wie sie sich anschauten, dicht beieinandersaßen, lachten, sich eng umschlungen hielten.
»Hat sich schnell zurechtgefunden, die Gitta, was meinst du, Jüll?« sagte Rolf.
»Ja, hat sie«, antwortete Jüll und ging nach Hause.
Acht Tage war Jüll für niemand ansprechbar. Er hockte in seinem Zimmer herum, half mürrisch beim Umbau des Schuppens und stand manchmal vor dem Kaninchenstall nebenan.
»Der alte Schrank muß in den Sperrmüll«, sagte Mutter.
Jüll kramte in den Schubladen. Ein hauchdünnes Seidentuch, tiefschwarz, fiel ihm in die Hände.
»Ist noch von Oma«, sagte Karla.

Jüll befestigte es mit einer Heftzwecke an Bertis Kaninchenstall.
»Ist das Muttertier bei Jupp eingegangen?« fragte Berti.
»Nein, nein«, murmelte Jüll.
»Sie hören schon ein bißchen auf mich, Jüll«, erzählte Berti stolz und rief: »Franz, komm, komm!«
Das silbergraue Tier hüpfte an das Drahtgitter und schnupperte neugierig an Bertis Hand.

12. Peter Bichsel: Erwachsenwerden

Liebe damalige und ehemalige Erwachsene,
ihr wart alle in irgendeiner freundlichen oder unfreundlichen Form unter vielen andern an meiner Erziehung beteiligt. Von euch kenne ich das Wort Erwachsener, und es hatte so viel Gewicht, daß ich Lust darauf bekam, einer zu werden.
Ich bin jetzt seit zwanzig Jahren über zwanzig Jahre alt und darf nun wohl annehmen, endgültig zu euch zu gehören.
Ich bin ein Erwachsener.
Immerhin wird mir immer noch Jugend vorgeworfen – keinen Aktivdienst geleistet, die Krise der dreißiger Jahre nicht erlebt, den und den nicht gekannt, alles Dinge, die ich nicht mehr schaffen werde, sosehr ich mich auch bemühen wollte – da ist immer einer, der noch erwachsener ist, bereits im Landsturm, bereits AHV-Bezüger –*
und immer Versprechungen –
ich hielt mit sieben die Achtjährigen für erwachsener und die Zwölfjährigen für bestandene Männer. Ich hielt mit zwanzig die Dreißigjährigen für erwachsen und mit dreißig die Fünfunddreißigjährigen, und mit fünfunddreißig die Vierzigjährigen –
gut, ich habe gelernt, daß man nicht unbedingt aus eigenen Erfahrungen auf die Erfahrung der anderen schließen kann,

* Alters- und Hinterlassenen-Versicherung.

aber ich habe den Verdacht, daß vor fünf Jahren die Vierzigjährigen nicht bestandener waren als ich heute –
Ich gebe es auf, ich habe mich entschieden, stehenzubleiben, ich habe mich entschieden, nicht erwachsen zu werden, die Krise der dreißiger Jahre nicht erlebt zu haben, keinen Aktivdienst geleistet zu haben –
ich glaube, ein Recht darauf zu haben, einen zwanzigjährigen Versuch abzubrechen –
Ich weiß, ich bin ungerecht, weil ich mich als Maßstab nehme – aber ihr damaligen Erwachsenen habt mich getäuscht. Ich versuchte euch zu erreichen und sah, daß die älteren anders waren als ich, und ich hatte Lust darauf, auch so anders zu werden, und jedesmal, wenn ich's erreichte, blieb ich derselbe –
Was habt ihr mir alles versprochen.
»Wenn du erst mal erwachsen bist . . .« – »Dazu bist du noch zu jung . . .« – »Du wirst schon noch sehen . . .«
Ihr habt mir versprochen, ein Erwachsener werden zu dürfen, und ich hielt das für erstrebenswert.
Es ist nicht eure Schuld, es hätte mir auffallen sollen, daß ihr mich immer in kritischen Situationen auf das Erwachsensein vertröstet habt – wenn ich euch nach etwas gefragt habe, von dem ich glaubte, ihr wüßtet es, und ihr habt so getan, als wüßtet ihr es.
Meine Fragen blieben unbeantwortet. Ihr habt gesagt, ich müsse erst erwachsen werden – nun glaube ich annehmen zu dürfen, ich sei es, und habe die Antwort immer noch nicht.
Kindliche Frage: »Warum gibt es Krieg?«
Ich hab mir da so einiges zusammengereimt, aber die Erwachsenen sagen auch heute noch nichts anderes, als daß ich unrecht hätte.
Man hat denn auch beschlossen in Bern, daß man kein Friedensforschungsinstitut gründen will. Ist man an der Antwort nicht interessiert? Nein keineswegs – man hat bereits eine Antwort und will sie sich durch Fragen nicht verderben lassen.

In Kindersprache übersetzt, heißt die Antwort: »Kriege gibt es, weil es Kommunisten gibt.«
Ein Institut, das auf andere Ursachen käme, wäre staatsgefährdend.
»Wollt ihr es so haben wie die Kommunisten?«
»Nein, so wollen wir es nicht haben.«
In Bern wird auch – von Journalisten etwa – zusammengestellt, welcher Parlamentarier am meisten Anfragen gestellt hat, und wer am meisten fragt, ist der Dümmste.
Vielleicht heißt Erwachsensein, fraglos in Antworten leben, Antworten zu haben ohne Fragen.
Wer fragt, ist ein Feind der bestehenden Antworten.
»Warum gibt es Krieg?«
»Leider gibt es Krieg.«
»Warum brauchen wir eine Armee?«
»Leider brauchen wir eine Armee.«
»Warum liefern wir Waffen nach Spanien?«
»Leider müssen wir Waffen liefern nach Spanien.«
Die letzte Antwort ist erfunden.
Warum stimmt sie nicht?
Weil wir Waffen liefern nach Spanien, ohne zu fragen. Weil man, verdammt noch mal, nicht immer fragen kann.
Das alles ist sehr kompliziert, und alles hat seine Kehrseite und alles seine Vor- und Nachteile.
Fragen sind gefährliche Vereinfachungen.
»Warum gibt es Reiche und Arme?«
Nein, so geht das nun wirklich nicht.
Vielleicht täusche ich mich, aber mir ist so, als hättet ihr mir damals gesagt, daß ich's begreifen werde, wenn ich erwachsen bin.
Und wenn ich meine Nebenerwachsenen anschaue, dann sehe ich solche, die den Eindruck machen, als hätten sie es begriffen. Ein Offizier zum Beispiel macht mir diesen Eindruck. Er macht mir den Eindruck, daß er die Ordnung begriffen hat.
Ich habe einmal ein Kind gehört, das seine Mutter fragte: »Was haben wir heute für einen Tag?« Und die Mutter ant-

wortete: »Mittwoch!« Da fragte das Kind: »Was wäre, wenn Donnerstag wäre?«
Eine unbeantwortbare Frage, sicher, aber ich kann mir nicht helfen, ich halte sie trotzdem für interessant, und ich habe das Kind im Verdacht, daß es wußte, daß es dazu keine Antwort gibt, und daß es froh darüber war, weil es in der Frage bleiben konnte.
Kinder können in Fragen leben. Erwachsene leben in Antworten.
Die Ordnung begreifen heißt: in Antworten leben.
Nicht »Warum gibt es Kriege?«, sondern »Es gibt Kriege.«
Nicht »Warum brauchen wir eine Armee?«, sondern »Wir brauchen eine Armee.« Nicht »Warum haben wir Waffen nach Spanien geliefert?«
sondern –
sondern –
Hand aufs Herz, ist es vorstellbar, daß jemals die Verantwortlichen kommen und sagen: »Es war falsch!«?
Ich weiß, so einfach ist das nicht, Außenhandelsdefizit, Arbeitsplätze usw.
Ich weiß, andere tun es auch. Ich weiß, die Welt ist nun einmal so.
»Wenn du erwachsen bist, wirst du's begreifen«, dieser Satz liegt mir in den Ohren.
Ich hab's nicht begriffen.

(PS. Neulich wurden in Spanien fünf Menschen hingerichtet. Die sind jetzt tot.) 11. 10. 75

13. Katharina Kühl: Ich habe Arno gesehen . . .

Seit heute ist alles anders. Ich bin anders. Seit genau 10.45 Uhr. Seit der dritten Stunde. Seitdem bin ich größer. Ich gehe gerader. Ich gucke anders. Ich sehe alles genauer, schärfer. Daß das gar keinem auffällt! Natürlich bin ich nicht wirklich

größer. Ich bin nur nüchterner. Nüchtern. Ernüchtert. Älter. Ich bin erwachsen.
Letzten Mittwoch, vor einer Woche war ich noch nicht so. Bis heute morgen war ich noch nicht so. Eine Ewigkeit ist das her.
Ich saß da auf meinem Stuhl in der dritten Reihe und dachte: wenn ich nur Noten lesen könnte! Ich meinte, Noten vom Blatt absingen. Noten habe ich mühsam gelernt. Aber es sind nur schwarze runde Punkte geblieben, die mal nach oben, mal nach unten wandern. Weiter nichts. Wenn ich sie absingen könnte, würde ich nach vorne gehen, mich neben ihn an den Flügel stellen, das neue Lied mitsingen. Alle würden erstaunt sein. Er wäre erstaunt.
Aber selbst wenn ich es gekonnt hätte, ich hätte es nicht getan. Nicht letzten Mittwoch. Ich wäre viel zu schüchtern gewesen. Ich wäre schon beim Aufstehen rot geworden, bei der Stufe zum Podest gestolpert, hätte piepsig angefangen, wäre vor Aufregung stecken geblieben. Es ist unser Musiklehrer. Er heißt Arno. Ich fand, daß Arno ein besonderer Name ist. Melodisch. Italienisch irgendwie. Passend zu ihm. Er ist dunkel. Fast schwarz. Seine Haare sind im Nacken länger als die der anderen Lehrer. Sie fallen auf den Kragen. Er trägt auch immer schwarze Hemden.
Ich habe mich immer über Jutta geärgert. Nein, eigentlich nur über mich selbst. Weil ich das nicht so konnte wie sie. Jutta flachst immer mit ihm. So ganz einfach. Schäkert richtig. Er mag das. Er ist dann ganz aufgedreht, charmant, italienisch charmant und ein bißchen ironisch. Zu mir war er nie so. Er hat mich auch nie angefaßt. Die Hand ganz kurz auf den Arm oder Rücken. Ich war neidisch auf Jutta. Auf alle, denen es gar nicht darauf ankommt. Ob er mit ihnen flachst oder lacht. Mir wäre es darauf angekommen! Nur, ich konnte das einfach nicht. Ich nicht. Ich war viel zu gehemmt.
Ich dachte immer an ihn. Auch wenn ich nicht an ihn dachte, direkt, ich hatte ihn immer irgendwo im Hinterkopf. Ich sagte, dachte, tat immer nur alles für ihn. Was haben solche wie Jutta für ihn getan?

Ich versuchte immer, ihn noch einmal extra zu sehen, ihm zu begegnen. Ich kenne seinen Stundenplan auswendig. Ich weiß, wann er durch welche Flure kommen muß. Ich stellte mich, wenn es ging, wie zufällig in eine Nische. Meistens sah er mich nicht. Meistens sah ich ihn nicht, weil ich mich rechtzeitig umwandte. Mir genügte es, wenn er an meinem Rücken vorbeiging. Ich hoffte trotzdem, er würde mich einmal sehen, erkennen, ansprechen. Etwas Bestimmtes sagen: Na, was machst du denn hier, Stefanie, du siehst ja so traurig aus, oder so ähnlich. Er hat nie etwas zu mir gesagt.

Einmal mußte ihm etwas nach Hause gebracht werden. Ich hatte mich gemeldet. Obwohl ich nach der Schule meinen Bus erreichen mußte. Ich kannte das Haus schon lange. Ein Block, in dem viele wohnen. Viele, nur ich nicht. Er. Ich hatte oft da gestanden und gewartet. Ob er mal herauskommt. Zigarettenholen oder so. Ich kenne auch seine Frau. Sie ist klein, zierlich, auch dunkel. Hübscher als ich. Und schick. Er hat einen kleinen Sohn.

Ich hatte mir oft ausgemalt, wie ich seinem Sohn das Leben rette. In der Badeanstalt zum Beispiel. Alle lägen um ihn herum auf der Wiese und lachten. Ich natürlich etwas abseits. Deshalb wäre ich auch die einzige, die den Kleinen im großen Becken zappeln sähe. Ich wäre hineingesprungen, hätte ihn im letzten Moment herausgezogen. Ich hätte nichts gesagt. Es wäre ganz selbstverständlich gewesen. Ich wäre in nassen Klamotten nach Hause gegangen.

Ich ging die drei Treppen zu seiner Wohnung ganz langsam hinauf. Ich genoß es. Ich hätte mich ohne richtigen Grund nie getraut hineinzugehen. Vor der Tür wartete ich. Herzklopfen. Wenn nun seine Frau aufmacht oder sein Sohn und alles wäre umsonst. Ich habe schließlich auf den Klingelknopf gedrückt.

Plötzlich stand er vor mir. Das ist aber nett von dir, Stefanie. Mußt du nicht zu deinem Bus? Du bist doch Fahrschülerin?

Nein. Ich habe noch Zeit.

Willst du einen Moment hereinkommen?

herein, es wurde ruhiger in der Klasse, aber ich drehte mich nicht um. Wenn es irgendwer ist, drehe ich mich nie um. Er war es.
Er blieb hinter mir stehen. Ich spürte, wie um mich herum so etwas wie Spannung war. Plötzlich er: Ich habe dich noch nie mit Brille gesehen, Stefanie. Richtig schlau siehst du aus.
Ich habe zu ihm aufgesehen. Ich sah ihn an. Zum erstenmal sah ich ihn. Ich vergaß meine Brille, meine Schüchternheit. Ich sah seine Haare, die glänzen, weil sie fettig sind, die Strähnen über dem Kragen, das teigige Gesicht, den Blick, beifallheischend zu den anderen. Läppisch, fiel mir plötzlich ein. Läppisch diese Mähne, läppisch das schwarze Hemd, läppisch. Am schlimmsten war der Mund. So ironisch. So grob und dumm. Dazu das Kichern der anderen.
Ich bin aufgestanden. Ich bin nicht rot geworden. Ich habe nicht gezögert. Ich bin nicht gestolpert. Ich bin einfach aufgestanden, rausgegangen. In die Toilette.
Ich habe die Tür hinter mir zugemacht. Ganz ruhig. Ich habe mich auf den Waschbeckenrand aufgestützt, mich im Spiegel starr angesehen, meine Brillenaugen, mein schlaues Gesicht. Eine halbe Stunde lang. Oder noch länger? Ich bin nicht wieder in die Klasse zurückgegangen. Ich habe immer nur gedacht, die Worte mit den Lippen geformt, tonlos, denke es noch: Er ist nicht mein Typ. Er ist überhaupt nicht mein Typ. Ich habe jemand geliebt, der nicht mein Typ ist. Die ganze Zeit. Ich habe es nicht gewußt. Ich habe es ohne Brille nicht gewußt. Ich habe ihn für etwas Besonderes gehalten.
Jetzt bin ich wie die anderen. Ich bin frei. Ich brauche nicht mehr zu warten, irgendwo stehen in verkrampft lässiger Stellung, ich brauche keine Angst mehr zu haben, nie mehr in Aufruhr zu sein!
Ich habe den anderen nichts erklärt. Es ist mir gleichgültig, was sie denken. Alles ist mir jetzt gleichgültig. Ich habe nichts mehr im Hinterkopf. Die Musikstunde ist nichts Besonderes mehr. Alles ist Alltag jetzt. Seit heute. Seit genau 10.45 Uhr ist alles anders. Ich bin anders. Nüchtern. Ernüchtert. Älter.
Ich bin erwachsen.

14. *Kurt Marti: Der schrumpfende Raum*

Du wirst doch nicht, sagte der Jüngere. O nein, sagte der Ältere. Zwischen ihnen stand eine Karaffe, in der Karaffe Wein. Das Leben ist ein schrumpfender Raum, sagte der Ältere. Es wird immer wieder schön, sagte der Jüngere, oft ist es beschissen, aber es wird immer wieder schön. Es ist ein schrumpfender Raum, beharrte der Ältere, es schrumpft um dich zusammen. Du denkst wohl an Runzeln, sagte der Jüngere. Nein, sagte der Ältere, das ist es nicht, ich denke wirklich an Raum, er schrumpft auch hinter uns. Du nimmst es zu schwer, sagte der Jüngere. Die Vergangenheit überfährt dich von hinten her, sagte der Ältere, wie eine Lokomotive. Du spinnst, sagte der Jüngere. Die Lokomotive überfährt dich, sagte der Ältere, du weißt genau, sie kommt und überfährt dich von hinten. Aber nicht auf der Straße, sagte der Jüngere. Überall, sagte der Ältere, überall wird der Raum kleiner, die Luft zum Atmen geht aus. Niemals, sagte der Jüngere, die Luft geht niemals aus. Ja, sagte der Ältere, du bist noch jünger, du hast noch Raum. Nicht mehr als du, sagte der Jüngere. Du kannst noch weg, ich nicht mehr, sagte der Ältere, ich nicht. Ich will nicht weg, sagte der Jüngere. Aber du könntest, wenn du nur wolltest, sagte der Ältere, ich nicht, auch wenn ich wollte, das ist es ja, wer alt wird, ist zu diesem Kaff verdammt. Du hast dein eigenes Häuschen, sagte der Jüngere, so verdammt ist es nicht. Ja, sagte der Ältere, mein Raum ist auf ein Häuschen zusammengeschrumpft. Du hast einen Garten, sagte der Jüngere, du hast eine Frau. Ja, sagte der Ältere, doch du vergißt, daß es noch tausend Gärten und tausend Frauen gibt. Oho, sagte der Jüngere, das ist mir neu, daß du ein solcher bist! Bin ich nicht, sagte der Ältere, du weißt, daß ich kein solcher bin. Ja, sagte der Jüngere, das ist wahr. Auch wer kein solcher ist, sagte der Ältere, denkt sich, was noch möglich wäre. Ja, sagte der Jüngere, vieles ist möglich. Dann aber schrumpft der Raum zusammen, sagte der Ältere, du merkst auf einmal, daß du nicht mehr denken magst, so wie du jetzt denkst, weil du jünger bist. Ist mir zu mpliziert, sagte der Jüngere. Nein, es ist einfach, sagte der Ältere, der Raum schrumpft ein. Ach Quatsch, sagte der Jüngere. Alles schrumpft langsam zusammen, sagte der Ältere, zuletzt bleibt nur noch ein Punkt. Ach was, sagte der Jüngere, das Leben geht weiter. Der Raum schrumpft zusammen, sagte der Ältere, auch du wirst's noch sehen, er schrumpft, und eines Tages kannst du nicht mehr atmen, weil du allein und ohne Raum bist. Der Jüngere lachte. Die Karaffe zwischen ihnen war leer.

III. Hinweise für den Unterricht

1. Beim Thema Erwachsenwerden gibt es niemanden, der nicht sachverständig mitreden könnte; die Jüngeren aus unmittelbarem Erleben, die Älteren eher rückblickend als Sich-Erinnernde. Je nach eigener Erfahrung können die vorliegenden Geschichten ganz verschieden aufgenommen werden und unterschiedliche Reaktionen auslösen. Die Auseinandersetzung mit den in den Texten formulierten Aspekten der Thematik kann hauptsächlich auf zwei Weisen eingeleitet werden.

1.1. Ausgegangen wird von Erfahrungen der Schüler (auch des Lehrers), die zufällig oder bei bestimmten Anlässen mitgeteilt oder absichtlich zur Sprache gebracht werden. Das Erfahrungsmaterial läßt sich strukturieren, Gesichtspunkten zuordnen, z. B. Schwierigkeiten mit den Eltern, der älteren Generation; Probleme einer symmetrischen Kommunikation; eigene Zukunftsvorstellungen und gesellschaftliche Wertvorstellungen; Ablösung und neue Bindungen.

Zu dem so erstellten Themen- und Problemkatalog werden entsprechende Texte/Textsequenzen aufgesucht (vgl. auch Kurzbeschreibungen in der Einleitung). Deren Analyse könnte die Erfahrungs-Sachverhalte klären helfen: Man findet sich ganz oder teilweise oder überhaupt nicht wieder, man stellt den literarischen Erfahrungen die eigenen gegenüber. Die Texte werden bei diesem Verfahren vorwiegend als literarische Modellfälle gelesen, die den Real-Fällen der Leser Sprache verleihen, aber auch Widerspruch artikulieren helfen können. Erhellend wirken die Texte weiter dadurch, daß sie die distanzierte Betrachtung eines Sachverhalts ermöglichen. Die Distanz zum erzählten Fall schafft auch Abstand zur eigenen Erfahrung, was den Blick schärfen und die Wirklichkeit freier bewältigen helfen kann.

1.2. Bei gleicher Zielsetzung kann der Arbeitsgang von der Textkenntnis ausgehen (Vorlesen, Erlesen in der Schule, häusliche Lektüre). Aus der Analyse mehrerer oder aller Texte läßt sich ebenfalls ein Bestand von Themen und Proble-

fördern Gespräche über literarische Werke, für die Interesse geweckt oder vertieft werden kann.

2.3. Im Begründungszusammenhang eines handlungs- und produktionsorientierten (Deutsch-)Unterrichts bieten sich auch Aktivitäten an, welche die in den vorliegenden Texten entfaltete Thematik selber gestalten, verändern, variieren. Das kann im Zusammenhang der Geschichten geschehen durch deren Veränderung, besonders ihrer Schlüsse, durch Weiterführungen, z. B. durch Briefe an Personen in den Erzählungen.

Abgelöst von den vorgegebenen Texten, kann das Thema aber auch in eigenen Aktivitäten aufgegriffen werden, etwa durch Befragungen von Älteren nach ihren Erfahrungen mit dem Erwachsenwerden, vor allem aber durch Schreibversuche zur eigenen Situation (Skizzen, kurze Erzählungen, Sketche, Tagebuch, Gedichte). Ob und wieweit ein Schreiber sich selbst mitteilen will, muß selbstverständlich ihm überlassen bleiben.

IV. Arbeitsvorschläge

Im folgenden werden einige Aspekte genannt, die als Fragen, Impulse und Hinweise die Arbeit der Textanalyse fördern und akzentuieren können. Dabei stehen die thematischen Gesichtspunkte im Vordergrund, wobei die textspezifischen Elemente der erzählerischen Vermittlung nicht aus dem Blick geraten sollen.
Besonders ergiebig ist die Betrachtung von Textsequenzen: Der Vergleich läßt Gemeinsames, Variationen und Unterschiede klarer erkennen.

1. Thematische Aspekte

1.1. Erfahrung des Neuen und Erstmaligen: Hausmann (1), Jelinek (9), Fährmann (11).
1.2. Erfahrung der Fremdheit oder Feindschaft zur Elterngeneration: Kesten (2), Novak (6), Braun (8).
1.3. Erfahrung der Distanz zu den Kindern aus Elternsicht: Bichsel (5), Kunze (10).
1.4. Gewahrwerden falscher Erziehung: Kesten (2), Novak (6), Bichsel (12).
1.5. Zukunftsplanung, Berufswahl: Schnabel (4), Novak (6), Jelinek (9), Doutiné (7).
1.6. Erste Liebe, das andere Geschlecht: Kaschnitz (3), Jelinek (9), Fährmann (11), Kühl (13).
1.7. Identität, Selbstfindung: Hausmann (1), Kesten (2), Kaschnitz (3), Schnabel (4), Braun (8), Kunze (10), Kühl (13).
1.8. Individuum, Jugend und gesellschaftliche Wertvorstellungen: Kesten (2), Schnabel (4), Braun (8), Jelinek (9), Kunze (10), Bichsel (12).
1.9. Auseinandersetzung mit der älteren Generation: Kesten (2), Novak (6), Bichsel (12), Marti (14).
1.10. Religiöse, mythische, philosophische Bezüge: Hausmann (1), Kaschnitz (3), Marti (14).
1.11. Glück: Hausmann (1), Jelinek (9).

Es roch aus der Wohnung nach Gemüsesuppe. Ganz gewöhnliche Sellerie. Darauf wäre ich nie gekommen. Ich hatte mir nie Gedanken darüber gemacht, was er wohl ißt, daß er überhaupt ißt. Ich hätte mir dann höchstens vorgestellt, wenn er schon essen muß wie andere, daß es bei Kerzenschein ist, mit besonderen Gläsern, irgendwas Französisches, wofür man den Namen nicht weiß.
Na, willst du nicht hereinkommen?
Ich wollte. Und wie ich wollte! Aber ich sagte nein. Worüber ich mich den ganzen Weg ärgerte und die dreiviertel Stunde, die ich seinetwegen auf den Bus warten mußte.
Ich hatte doch schmutzige Finger von dem blöden Kugelschreiber, der immer schmiert, und meine Jeans waren spekkig und außerdem dieser Pickel am Mund. Ich fand mich nicht zum Hereinkommen.
Zu Hause wusch ich mir sofort die Haare, und die Jeans wusch ich auch aus. Die Schuhe habe ich geputzt und die Fingernägel gemacht, aber natürlich kam so eine Gelegenheit nicht wieder.
Das Schlimmste war, daß ich mit niemand darüber reden konnte. Mit Jutta vielleicht oder den anderen? Die grinsten doch nur, wenn ich das Gespräch auf ihn brachte. Was wußten sie schon. Und ich wollte, mußte immerzu von ihm reden. Zu Hause ging es erst recht nicht. Kinder wissen doch nicht, was Liebe ist! Dabei ist es bei den Erwachsenen ziemlich widerlich. Dies Getue. Die Andeutungen. Die blöden Witze über Busen und so. Kein Gefühl! Mit zwölf hat man Gefühle. Mit zwölf ist man kein Kind mehr. Ich bin kein Kind mehr. Jetzt, heute schon überhaupt nicht mehr!
Es war Zufall. Heute. In der dritten Stunde. Der Musikraum war besetzt. Er kam zu uns in die Klasse. Ich habe es nicht bemerkt. Ich war noch nicht fertig. Mußte noch etwas abschreiben. Ich hatte meine Brille auf. Meine Brille! Ich bin häßlich mit Brille. Jeder ist häßlich mit Brille. Ich ganz besonders. Die Hälfte meines sowieso schon zu kleinen Gesichtes ist dadurch verdeckt. Ich wollte nie, daß er mich mit Brille sieht.
Heute hat er mich gesehen. Er hat mich überrascht. Er kam

V. Autoren- und Quellenverzeichnis

PETER BICHSEL

Geb. 24. 3. 1935 in Luzern. Primarlehrer. Seit 1973 Schriftsteller, Publizist, Dozent. – Romane, Erzählungen, Essays. – *Die Tochter.* Aus: P. B., Eigentlich möchte Frau Blum den Milchmann kennenlernen. Olten u. Freiburg i. Br.: Walter 1964. S. 45. – *Erwachsenwerden.* Aus: P. B., Geschichten zur falschen Zeit. Darmstadt u. Neuwied: Luchterhand 1979. (Slg. Luchterhand 347.) S. 31–34.

GÜNTER UND JOHANNA BRAUN

Günter Braun, geb. 12. 5. 1928 in Wismar. Luftwaffenhelfer, nach dem Krieg u. a. Apothekengehilfe, Journalist. Schreibt zusammen mit seiner Frau Johanna Braun, geb. 7. 5. 1929 in Magdeburg, nach dem Abitur Verwaltungsangestellte, Redakteurin. Beide seit 1955 freiberufliche Schriftsteller. – Romane, Erzählungen, Fernsehspiele. Zuerst Abenteuererzählungen für die Jugend, utopisch-phantastische Literatur, seit den 60er Jahren Bücher über Leben und Probleme junger Menschen in der DDR. – *Thomas Bitterfisch und seine Familie.* Auszug aus dem Roman »Bitterfisch«, Erstveröffentlichung Berlin [Ost] 1974. Abdruck nach: Horst Heidtmann (Hrsg.), Bitterfisch. Jugend in der DDR. Baden-Baden: Signal Verlag Hans Frevert 1982. S. 12–18. © Günter und Johanna Braun, Magdeburg.

HEIKE DOUTINÉ

Geb. 3. 8. 1945 in Zeulenroda (Thüringen). Studium in Hamburg. Schriftstellerin. – Romane, Erzählungen, Gedichte. – *Man müßte jung sein.* – Aus: H. D., Wanke nicht mein Vaterland. Roman. Frankfurt a. M.: S. Fischer 1973. (Fischer Taschenbuch 1313.) S. 372–374. © Claassen Verlag, Düsseldorf.

WILLI FÄHRMANN

Geb. 18. 12. 1929 in Duisburg. Nach Maurerlehre Abendgymnasium und Pädagogikstudium. Seit 1953 Lehrer, dann Rektor und Schulrat. – Realistische und religiöse Bücher für Kinder. Seit den 60er Jahren Bücher über zeitgeschichtliche Themen, u. a. »Das Jahr der Wölfe« (1962); »Zeit zu hassen, Zeit zu lieben« (1985). – *Irgendwie hat sich der Junge verändert.* Aus: Jo Pestum (Hrsg.), Die Stunden mit dir. Würzburg: Arena-Verlag 1976. S. 55–60.

MANFRED HAUSMANN

Geb. 10. 9. 1898 in Kassel. Im Ersten Weltkrieg schwer verwundet. Studium der Philologie, Kunstgeschichte und Philosophie. Dozent, Dramaturg, Kaufmann, seit 1927 freier Schriftsteller. 1967 Laienprediger der evangelischen Kirche in Bremen. Dort gest. 6. 8. 1986. – Romane, Erzählungen, Kinderbücher, Dramen, Lyrik, Übersetzungen. – *Zum ersten Male.* Aus: Willi Fehse (Hrsg.), Deutsche Erzähler der Gegenwart. Stuttgart: Reclam 1959. (Reclams UB Nr. 8262[5].) S. 136–138. © S. Fischer Verlag, Frankfurt a. M.

ELFRIEDE JELINEK

Geb. 20. 10. 1946 in Mürzzuschlag (Steiermark). Studium der Theaterwissenschaft, Kunstgeschichte und Musik in Wien. – Romane, Dramen, Lyrik. – *was ist das, was da so leuchtet?* Aus: E. J., Die Liebhaberinnen. Reinbek bei Hamburg: Rowohlt 1975. (das neue buch 64.) S. 18–21.

MARIE LUISE KASCHNITZ

Geb. 31. 1. 1901 in Karlsruhe. Buchhändlerin, seit 1925 verh. mit dem Archäologieprofessor Guido Freiherr von Kaschnitz-Weinberg. Lebte in Königsberg, Marburg, Frankfurt a. M., Rom. Gest. 10. 10. 1974 in Rom. – Romane, Erzählungen, Lyrik, Essays. – *Lange Schatten.* Aus: M. L. K., Lange Schatten. Erzählungen. Hamburg: Claassen 1960. S. 5–14.

HERMANN KESTEN

Geb. 28. 1. 1900 in Nürnberg. Studierte zunächst Volkswirtschaft und Jura, dann Geschichte, Germanistik und Philosophie. Verlagsleiter. 1933 Emigration in die Niederlande und nach Amerika (New York), später Aufenthalt in Rom, lebt heute in Basel. – Romane, Erzählungen, Essays. – *Olaf*. Aus: Willi Fehse (Hrsg.), Deutsche Erzähler der Gegenwart. Stuttgart: Reclam 1959. (Reclams UB Nr. 8262[5].) S. 155–160. © Hermann Kesten.

KATHARINA KÜHL

Geb. 1939. Verschiedene Berufe. – Schreibt für den Kinderfunk; Kurzgeschichten, Gedichte. – *Ich habe Arno gesehen*. Aus: Hansjörg Martin (Hrsg.), Herzklopfen. Liebesgeschichten. Reinbek bei Hamburg: Rowohlt 1980. (rororo rotfuchs 241.) S. 84–88. © 1979 Thienemanns Verlag, Stuttgart.

REINER KUNZE

Geb. 16. 8. 1933 in Oelsnitz (Erzgebirge). Studierte in Leipzig Philosophie und Publizistik. Wissenschaftlicher Assistent. Schriftsteller, aus politischen Gründen in der DDR behindert. Seit 1977 in der Bundesrepublik. – Kurzprosa, Kinderbücher, Lyrik, Essays. – *Fünfzehn*. Aus: R. K., Die wunderbaren Jahre. Frankfurt a. M.: S. Fischer 1976. S. 27 bis 29.

KURT MARTI

Geb. 31. 1. 1921 in Bern. Studierte Jura und Theologie. Pfarrer in Bern. – Erzählungen, Gedichte, Essays. – *Der schrumpfende Raum*. Aus: K. M., Dorfgeschichten. Erzählungen. Darmstadt u. Neuwied: Luchterhand 1983. (Slg. Luchterhand 487.) S. 74 f.

HELGA M. NOVAK (eig. Maria Karlsdottir)

Geb. 8. 9. 1935 in Berlin. Studierte Philosophie und Journalistik in Leipzig. Monteurin, Laborantin, Buchhändlerin. Seit

1967 freie Schriftstellerin in der Bundesrepublik. – Romane, Erzählungen, Lyrik. – *Eis.* Aus: H. M. N., Geselliges Beisammensein. Prosa. Berlin u. Neuwied: Luchterhand 1968. S. 130–132.

CORINNA SCHNABEL

Geb. 1941 in Swinemünde. Nach der Schulzeit Tätigkeit im Buchhandel. 1962 Volontariat bei der Wochenzeitung »Die Zeit«. Anschließend Studium der Sprach- und Literaturwissenschaften in Berlin. Journalistische Tätigkeit u. a. bei BBC, London. – *Ich möchte gerne schreiben* (Überschrift vom Herausgeber). Aus: Walter Hasenclever (Hrsg.), Prosaschreiben. Eine Dokumentation des Literarischen Colloquiums Berlin. Berlin: Verlag Literarisches Colloquium 1964. S. 224–226.

VI. Literaturhinweise

1. Anthologien

Bender, Hans (Hrsg.): Deutsche Jugend. Frankfurt a. M.: Insel Verlag 1983.

Grunert-Bronnen, Barbara (Hrsg.): Pubertät. 22 Autoren zu einem Thema. München: Deutscher Taschenbuch Verlag 1971. (dtv 761.)

Karst, Theodor (Hrsg.): Lehrzeit. Erzählungen aus der Berufswelt. Stuttgart: Reclam 1980. (Arbeitstexte für den Unterricht. Reclams UB Nr. 9558[2].)

Richartz, Walter E. u. Heinrich Droege (Hrsg.): Schön ist die Jugend bei guten Zeiten. Königstein i. Ts.: Athenäum 1980.

Voß, Ursula (Hrsg.): Die unbequemen Jahre. Jugend im Selbstporträt. Köln: Middelhauve 1977.

2. Darstellungen, Untersuchungen

Bien, Günter: Das Bild des Jugendlichen in der modernen Literatur. In: Deutsche Rundschau 90 (1964) S. 40–45.

Bien, Günter: Das Bild des Jugendlichen in modernen Dichtungen. In: Der Deutschunterricht 21 (1969) S. 5–27.

Ebner, Franz: Das Seelenleben des Kindes und des Jugendlichen in der deutschsprachigen Erzählung des 20. Jahrhunderts. Diss. [Masch.] Wien 1953.

Gottschalch, Wilfried: Schülerkrisen. Autoritäre Erziehung, Flucht und Widerstand. Reinbek bei Hamburg: Rowohlt 1977. (rororo sachbücher 7070.)

Hensel, Barbara: Das Kind und der Jugendliche in der deutschen Roman- und Erzählliteratur nach dem 2. Weltkrieg. Diss. München 1962.

Jens, Walter: Erwachsene Kinder. Das Bild des Jugendlichen in der modernen Literatur. In: Walter Jens, Statt einer Literaturgeschichte. Pfullingen: Neske ^{5}1962. S. 135–159.

Jordan, Ernst: Kindheit und Jugend im Deutschunterricht. Modelle literarischer Selbstreflexion für die Sekundarstufe I. München: Ehrenwirth 1983.

Karlstetter, Klaus: Das Bild des Jugendlichen in der deutschsprachigen Erzählliteratur der Zeit zwischen dem 1. Weltkrieg und der Diktatur. Stockholm: Almquist & Wiksell 1980. [Diss. Uppsala.]

Karst, Theodor, Renate Overbeck u. Reinbert Tabbert: Kindheit in der modernen Literatur. Interpretations- und Unterrichtsmodelle zur deutsch-, englisch- und französischsprachigen Prosa. 2 Bde. Kronberg i. Ts.: Scriptor 1976/77. (Scriptor-Taschenbücher 92, 122.)

Karst, Theodor: Kindheit, Jugend, Schule – zum Beispiel Hermann Hesses »Unterm Rad«. In: Gerhard Haas (Hrsg.), Literatur im Unterricht. Modelle zu erzählerischen und dramatischen Texten in den Sekundarstufen I und II. Stuttgart: Reclam 1982. S. 30–45.

Kreis, Rudolf: Die verborgene Geschichte des Kindes in der deutschen Literatur. Deutschunterricht als Psychohistorie. Stuttgart: Metzler 1980.

Kröhnke, Friedrich: Jugend in schlechter Gesellschaft. Zum Bild des Jugendlichen in der deutschen Literatur 1900–1933. Bonn: Bouvier 1981.
Müller, Joachim: Die Gestalt des Kindes und des Jugendlichen in der deutschen Literatur von Goethe bis Thomas Mann. Berlin: Akademischer Verlag 1971. (Sitzungsberichte der Sächsischen Akademie der Wissenschaften zu Leipzig: Phil.-hist. Klasse. Bd. 116, Heft 1.)
Muchow, Hans Heinrich: Jugend und Zeitgeist. Morphologie der Kulturpubertät. Reinbek bei Hamburg: Rowohlt 1962. (rde 147/148.)
Schink, Helmut: Jugend als Krankheit? (Über H. Hesse, R. Musil, F. Kafka, R. Schneider, A. Frank, F. Innerhofer.) Linz: Oberösterreichischer Landesverlag 1980.
Söntgerath, Alfred: Pädagogik und Dichtung. Stuttgart: Kohlhammer 1967.
Wangerin, Wolfgang (Hrsg.): Jugend, Literatur und Identität. Anregungen für den Deutschunterricht der Sekundarstufe I und II. Braunschweig: Westermann 1983.

Arbeitstexte für den Unterricht

Ästhetik. 9592 – **Anekdoten.** 15004 – **Anleitung zur Abfassung literaturwissenschaftlicher Arbeiten.** 9504 – **Antike Mythen in moderner Prosa.** 9593 – **Arbeitslosigkeit.** 9574 – **Argumente und Parolen.** Politische Propaganda im 20. Jahrhundert. 9518 – **Autobiographische Texte.** 9589 – **Begriffsanalyse.** Eine Einführung. 9580 – **Behinderte.** 9577 – **Chansons.** 9527 – **Comics.** 9513 – **Detektivgeschichten für Kinder.** 9556 – **Deutsche Balladen.** 9571 – **Deutsche Essays des 20. Jahrhunderts.** 9559 – **Deutsche Gegenwartslyrik.** Eine poetologische Einführung. 15010 – **Deutsche Kriegsliteratur zu zwei Weltkriegen.** 9581 – **Deutsche Kriminalgeschichten der Gegenwart.** 15019 – **Deutsche Kurzgeschichten.** 2.–3. Schuljahr. 9528 – 4.–5. Schuljahr. 9529 – 5.–6. Schuljahr. 9505 – 7.–8. Schuljahr. 9506 – 9.–10. Schuljahr. 9507 – 11.–13. Schuljahr. 9508 – **Deutsche Kurzgeschichten II.** 5.–6. Schuljahr. 15007 – 7.–8. Schuljahr. 15008 – 9.–10. Schuljahr. 15011 – 11.–13. Schuljahr. 15013 – **Deutsche Liebesgedichte.** 9590 – **Deutsche Literatur des Mittelalters.** 9568 – **Deutsche Naturgedichte.** 15001 – **Deutsche Sagen.** 9535 – **Deutsche Sprache der Gegenwart.** 9531 – **Deutsche Sprachgeschichte.** 9582 – **Deutsche Sprichwörter und Redensarten.** 9550 – **Deutsche Volkslieder.** Texte, Variationen, Parodien. 9560 – **Entdeckungsberichte.** 9595 – **Erfindungsberichte.** 15002 – **Erkenntnis und Sein.** I: Epistemologie. 9547 – II: Ontologie. 9548 – **Erzählungen aus der DDR.** 15014 – **Ethik.** 9565 – **Fabeln.** 9519 – **Fach- und Sondersprachen.** 9510 – **Fiktionale und nichtfiktionale Texte desselben Autors.** 9515 – **Formen oppositioneller Literatur in Deutschland.** 9520 – **Die Frau in der Gesellschaft.** 9536 – **Frieden – Friedensstrategien.** 9523 – **Funktionen der Sprache.** 9516 – **Gedichte der Romantik.** 15023 – **Gedichte des Expressionismus.** 15024 – **Gedichte seit 1945.** 15016 – **Geschichte in Karikaturen.** Von 1848 bis zur Gegenwart. 9566 – **Geschichten vom Erwachsenwerden.** 9598 – **Geschichtliche Quellen.** Eine Einführung mit Arbeitsbeispielen. 9553 – **Glück.** 9575 – **Glück und Moral.** 9600 – **Grimms Märchen – modern.** Prosa, Gedichte, Karikaturen. 9554 – **»Heimat«.** Gedichte und Prosa. 15025 – **Herrschaft durch Sprache.** Politische Reden. 9501 – **Indianergeschichten.** 9561 – **Die Juden.** Vorurteil und Verfolgung im Spiegel literarischer Texte. 9596 – **Kindergedichte.** 9557 – **Kleine Schule des philosophischen Fragens.** 15028 – **Kriminalgeschichten.** 9517 – **Kürzestgeschichten.** 9569 – **Legenden.** 9597 – **Lehrzeit.** Erzählungen aus der Berufswelt. 9558 – **Liebesgeschichten.** 9573 – **Literarische Wertung.** 9544 – **Literarisches Leben in der Bundesrepublik Deutschland.** 9509 – **Literatursoziologie.** 9514 – **Literatur und Erkenntnis.** 15005 – **Literaturzensur in Deutschland.** 15006 – **Lügen, lauter Lügen...** 9562 – **Märchen.** 15017 – **Märchenanalysen.** 9532 – **Mensch und Technik.** 15020 – **Menschen im Dritten Reich.** Leben unter der Diktatur. 9583 – **Metaphorischer Sprachgebrauch.** 9570 – **Methoden der Interpretation.** 9586 – **Parabeln.** 9539 – **Parodie.** Deutsche Literatur- und Gebrauchsparodien mit ihren Vorlagen. 9521 – **Phantastische Geschichten.** 9555 – **Philosophie und Sprache.** 9563 – **Philosophische Anthropologie.** 15012 – **Politische Lyrik.** Deutsche Zeitgedichte des 19. und 20. Jahrhunderts. 9502 – **Presse und Pressewesen.** 9545 – **Reise- und Abenteuergeschichten.** 9537 – **Religionskritik.** 9584 – **Rhetorik.** 15021 – **Rundfunk und Fernsehen in Deutschland.** 9587 – **Satirische Texte.** 9525 – **Schelmen- und Gaunergeschichten.** 9578 – **Schulgeschichten.** 9551 – **Schwarzer Humor.** 9599 – **Science Fiction.** 15015 – **Spieltexte.** 2.–4. Schuljahr. 9567 – 5.–7. Schuljahr. 9576 – 8.–10. Schuljahr. 9585 – **Sportgeschichten.** 9540 – **Sprachspiele.** 9533 – **Ein Star wird gemacht.** Film / Hörspiel / Bühnenstück. Spielübungen. 9526 – **Text und Leser.** 9549 – **Texte zur Poetik des Films.** 9541 – **Theater spielen.** Anregungen, Übungen, Beispiele. 9588 – **Theorie der Kurzgeschichte.** 9538 – **Theorie der Lyrik.** 9594 – **Theorie der Novelle.** 9524 – **Theorie des Dramas.** 9503 – **Theorie des Kriminalromans.** 9512 – **Theorie des Romans.** 9534 – **Theorie und Praxis des Erzählens.** 15009 – **Toleranz.** Texte zur Theorie und politischen Praxis. 15003 – **Tourismus.** 9564 – **Utopie.** 9591 – **Verantwortung.** 15022 – **Vorurteile gegen Minderheiten.** Die Anfänge des modernen Antisemitismus am Beispiel Deutschlands. 9543 – **Das Wahrheitsgebot** oder: Muß man immer die Wahrheit sagen? 9579 – **Werbetexte / Texte zur Werbung.** 9522 – **Wie interpretiert man ein Drama?** 15026 – **Wie interpretiert man ein Gedicht?** 15018 – **Wir erzählen Geschichten.** 9552 – **Witz.** 9542

Philipp Reclam jun. Stuttgart